PIMP YOUR KID

YVONNE DE BARK

PIMP YOUR KID

FRAGE NICHT, WAS DU FÜR DEIN KIND TUN KANNST! FRAGE, WAS DEIN KIND FÜR DICH TUN KANN!

MIT ILLUSTRATIONEN VON EBRU AGCA

SCHWARZKOPF & SCHWARZKOPF

INHALT

VORWORT

NUR EIN GEPIMPTES KIND IST EIN GUTES KIND!

Kinder machen macht ja noch Spaß. Eltern werden macht auch Spaß – Eltern sein ist hingegen ganz schön schwer und es durchzuhalten noch viel schwerer. Mangelnder Respekt, Widerworte, Zickereien, vermüllte Kinderzimmer und, und, und: Das sind die Früchte unserer jahrelangen Aufopferung. Wie oft knallen unsere Kleinen die Tür hinter sich zu und kommen erst wieder, wenn sich der Duft des liebevoll zubereiteten Abendessens seinen Weg durch die Straßen der Wut und pubertären Empörung gekämpft hat?

Wie schön wäre es doch, wenn sie von Anfang an »funktionieren« würden. Oder etwas bescheidener ausgedrückt: wenn mal EIN Tag verginge, an dem nicht gezickt, gestritten oder geheult wird.

Das perfekte Vorzeigekind – eines, das die Nerven der Mutter schont, ihr Zeit und persönlichen Freiraum lässt und um das alle sie beneiden – dieses Kind … gibt es leider nicht. Aber es gibt Wünsche, Träume, Vorstellungen, denen wir nachjagen. Warmer Kaffee. Fünf Minuten allein im Badezimmer. Ein Telefonat, das nicht unterbrochen wird, und Schuhe, die ordentlich am Eingang stehen.

In diesem Buch werde ich mit Ihnen gemeinsam nach den Sternen greifen und vielleicht auch den einen oder anderen vom Firmament pflücken. Um die Reise zu beginnen, müssen wir

Wünsch-dir-was-Eltern vom Ponyhof uns eine entscheidende Frage beantworten: Was erwarten wir von unserem Kind?

Die Antwort liegt in der Umkehr aller pädagogischen Erziehungsgrundsätze: Frage nicht, was du für dein Kind tun kannst, frage, was dein Kind für dich tun kann.

Was muss ein Kind wirklich lernen, was muss es wirklich können, was wirklich wissen? Ich weiß es.

Sie sehen mich jetzt nicht, aber ich reibe gerade in verzückter Vorfreude meine Handflächen aneinander, denn in wenigen Minuten werden Sie in die Geheimnisse glücklicher Eltern eingeweiht und sich an meinen mehr oder weniger ernst gemeinten Tipps erfreuen.

Doch wie sieht eigentlich der Alltag eines gepimpten Kindes aus? Oder besser gesagt: Wie MÜSSTE er aussehen? Was wünschen wir uns? Was würde uns glücklich machen?

Nehmen wir einen beliebigen Wochentag. Das gepimpte Kind erwacht gut gelaunt und fröhlich gestimmt zur rechten Zeit von ganz allein. Ein Wecker darf hierbei zu Hilfe genommen werden. Bis zum vitamin- und ballaststoffreichen Frühstück sollten die üblichen Maßnahmen für einen reibungslosen und ruhigen Morgenablauf ergriffen worden sein. Die da wären: Anziehen, Schul- oder Kindergartentasche packen, Frühstück zubereiten. Eltern sanft mit Tee oder Kaffee wecken. Gemeinsam frühstücken und dabei die ausgeglichene Morgenstimmung mit allen genießen. Sodann selbstständig das Pausenbrot vorbereiten, Zähne putzen, den Autoschlüssel deutlich sichtbar in der Hand präsentieren und ruhig und lächelnd auf die Bereitschaft der Eltern warten, ihr Kind zu seinem Bestimmungsort zu bringen. Außerordentlich gepimpte Kinder vermögen es, den Schulweg allein zurückzulegen, sodass die Eltern nicht einmal geweckt werden müssen.

Nach dem Kindergarten oder der Schule wartet das Essen auf das stets gut gelaunte Kind. Dieses erzählt fröhlich plappernd von den Ereignissen des Vormittages, von zufriedenen Lehrern und wie es eine Streitigkeit auf dem Schulhof eloquent und ausschließlich verbal bereinigt hat. Es präsentiert seine guten Noten und isst die kredenzte Mahlzeit mit Freude und großem Appetit. Nachdem es den Tisch mit abgeräumt hat, erledigt es seine Hausaufgaben stillschweigend, ordentlich und zügig.

Der Nachmittag verläuft wohlstrukturiert und Verabredungen werden unter Berücksichtigung anstehender sportlicher oder musikalischer Verpflichtungen selbstständig getroffen. Wege werden nach Möglichkeit aus eigener Kraft zurückgelegt und zum Abendessen erscheint das Kind mit tollen neuen Eindrücken, Erfahrungen und gebildeten Synapsen wieder zu Hause. Nach dem Abendessen in familiärer Runde macht sich das Kind bettfertig und zieht sich dann zurück, um noch etwas zu lesen; bis die Eltern schließlich das Licht ausschalten und die Kinder mit einem Gutenachtkuss in das Reich der Träume entlassen.

Diese kurze Übersicht zeichnet jedoch nur einen einzelnen, ganz normalen Tag im Leben eines Kindes nach. In diesem Buch hingegen beschreibe ich die Dinge, die es zu verfolgen gilt, um auch im Gesamtpaket ein rundum gepimptes Kind und infolgedessen debil lächelnde, überglückliche Eltern zu erhalten.

Ihre Yvonne de Bark

1. KAPITEL

SMILE TO ME

KAPITALISTISCHER FAMILIENMIKROKOSMOS

DAS SMILEY-SYSTEM

Kennen Sie das Smiley-System? Es ist nicht neu, aber sehr wirkungsvoll, und es ist unter dem Aspekt der erstrebenswerten intrinsischen Motivation pädagogisch völlig verabscheuungswürdig. Hierbei handelt es sich um eine Methode, die auf dem Belohnungssystem aufbaut, also die extrinsische Motivation, die Motivation von außen, zur Grundlage hat. Deutlicher ausgedrückt: Unsere Kinder lernen auf verwerflich eindrucksvolle Weise, für Belohnungen und ausschließlich für Belohnungen zu arbeiten. Die Kinder verdienen sich kleine, lachende Smileys, die sie sich an einen bestimmten Ort und für alle sichtbar kleben dürfen. Smileys kann man mit den Kindern selber basteln, malen, schreinern, kneten, oder man kauft sie oder druckt sie aus. Wobei das Selberbasteln den Smileys einen – subjektiv empfunden – größeren Wert verschafft: Wofür ich hart arbeite und worauf ich viel Mühe verwende, das ist auch was wert. Psychologie für Dummies, erstes Semester.

Smileys können verdient werden, indem das Kind Dinge erledigt, die es eigentlich nicht so gern tut beziehungsweise die ihm wertvolle Freizeit rauben; zum Beispiel die Spülmaschine ausräumen, Socken sortieren, Staub saugen, Klavier oder Geige üben. Finden Sie im nächsten Schritt etwas, was Ihrem Kind besondere Freude bereitet. Es sollte etwas sein, was Sie nur unter Vorbehalt tolerieren oder leisten wollen. Dazu können Dinge wie Fernsehen, Computerspielen oder bei kleineren Kindern Vorlesen, Kitzelalarm oder Rodeoreiten auf Ihrem Rücken gehören. Auch Schwimmbadbesuche und andere Freizeitaktivitäten sollten nicht selbstverständlich sein, sondern sich von den Kindern »erarbeitet« werden. Schließlich arbeitet ja auch irgendjemand, um das Eintrittsgeld bezahlen zu können, und zudem kosten solche Unternehmungen die wertvolle Zeit eines

Erwachsenen, der vielleicht gar keine Lust hat, sich mit anderen Eltern im Schwimmbad um den besten Liegeplatz zu streiten oder sich durch Menschenmassen zu den Lebkuchenständen auf dem Weihnachtsmarkt zu quetschen. Die Toleranzgrenze ist hierbei individuell an Ihre eigene Leidensfähigkeit anzupassen.

Die Leistungen, die Kinder durch Smileys einfordern können, variieren nach persönlichen Prioritäten und Vorlieben der jeweiligen Familie. In UNSEREM eigenen, streng kapitalistischen Familienmikrokosmos ist es so, dass die Kinder nach Absprache und unter Berücksichtigung ihres Mitbestimmungsrechts jeweils einen Smiley pro erledigte Aufgabe erhalten. Für – nach eigenem Empfinden – heroische Tätigkeiten, die der Fortbildung dienen, oder um positive Anker zu setzen, sprich positive Verbindungen zu schaffen, bekommen sie mehr. Ein fertig gelesenes Buch bringt da schon mal bis zu zehn Smileys auf einen Schlag. Für eine komplette Autowäsche inklusive Innenreinigung gibt es zwanzig. Gäbe es. Diesen Fall hatten wir leider noch nie.

Nun gilt es, zusammen mit den Kindern den Kosten-Nutzen-Faktor der Smiley-Vergabe und deren Einlösung herauszuarbeiten. Ein Beispiel: Wenn ein Kind 34 Aufforderungen am Tag benötigt, um Klavier zu üben, kann man das mit einem abgesprochenen Belohnungssystem beschleunigen. Die Rechnung ist einfach. Das Kind würde gern fernsehen. Die Eltern sind dagegen, weil übermäßiger Fernsehkonsum schlecht ist. Durch persönlichen Einsatz kann das Kind nun dafür arbeiten, seinem Traum von passiver Berieselung rasch näher zu kommen. Es übt fünf Tage lang regelmäßig Klavier, erledigt seine Hausaufgaben zügig und gewissenhaft und macht eine Ladung Wäsche fertig. Bei einem Preis von fünf Smileys für eine halbe Stunde Fernsehen kommt auf diese Weise locker ein Disneyfilm am Wochenende zusammen.

Allerdings sollte auch beim Medienkonsum eine Differenzierung hinsichtlich der Qualität getroffen werden. Fernsehsendungen mit wissenserweiterndem Inhalt können preiswerter konsumiert werden als sprechende Unterwasserschwämme oder sich anheulende Mangamännchen. Und Computerspiele mit pädagogischem Anspruch kosten weniger Smileys als blutrünstige Egoshooter. Ja, wir sollten unsere Kinder schon früh damit vertraut machen, dass Herumballern und Leute abschlachten eine teure Angelegenheit ist.

Einen Übernachtungsgast zu haben, erfordert von den Eltern immer eine gewisse Anstrengung, besonders dann, wenn die Kinder darin noch nicht so geübt sind, die Schlafgewohnheiten unterschiedlich und die Ernährungsvorlieben des Besuchers von unseren familieninternen abweichen. Beispielsweise möchte das einquartierte Kind lieber bei Licht oder ohne Licht schlafen und zum Abendbrot unbedingt Nutellatoast essen, weil es meint, sonst nicht schlafen zu können. In solchen Fällen kostet so eine Übernachtungsaktion natürlich Nerven. Somit dürfen auch dafür nach Absprache Hunderte von Smileys einkassiert werden.

Natürlich können jetzt Pädagogen mit ihrem abgeschlossenen Studium und seitenstarken Erziehungswälzern auf mich einschlagen und sagen, dass die Kinder aus sich heraus lernen sollen, Dinge zu tun, die sie im Grunde ungern in Angriff nehmen. Tun sie ja auch. Sie erfahren eine Affirmation durch den steten Zuwachs ihres Smiley-Kontos, wenn sie die Spülmaschine ausräumen. Und Pädagogen behaupten, dass Kinder von sich aus im Haushalt mithelfen sollen. Das verstärkt das Gemeinschaftsgefühl und den Zusammenhalt. Ja, ja und ja.

Um das Belohnungssystem aus dem Sumpf der ungerechten Einseitigkeit ein wenig herauszuziehen, sind die Eltern natürlich ebenso in dieses System mit eingebunden. Ich muss mich zum Sport überreden, meinen inneren Schweinehund überwinden und belohne mich für einmal Joggengehen mit einem Smiley. Und für zehn Smileys bekomme ich von den Kindern ein Frühstück ans Bett. Das ist fair.

In einer ausgefeilten Variante des Smiley-Systems können die kleinen gelben Dinger als Zahlungsmittel von Familienmitglied zu Familienmitglied wechseln. Ein Beispiel: Das Kinderzimmer ist nicht aufgeräumt, soll es aber bald sein. Je nach Verdreckungsgrad wird entschieden, wie viel das Aufräumen wert ist. Bei uns darf das Kind entscheiden, ob es selber aufräumen will oder die Mutter das übernimmt. Das kostet, je nach Aufwand, zwei bis fünf Smileys, die auf das Konto der Mutter wandern. Oder eben keine, wenn das Kind selber Hand anlegt. Die Vorgehensweise ist ganz einfach: Für die Aufräumaktion wird ein zeitliches Ultimatum gesetzt, beispielsweise ein Tag. Sollte bis zum Abend nichts erledigt sein, bedeutet das, dass ich das am nächsten Morgen übernehme, wenn die Kinder in der Schule sind und die verabredete Anzahl Smileys unter meinem Foto strahlt.

Dieses einfache System erleichtert uns das Zusammenleben enorm. Den Kindern macht es Spaß, Smileys zu sammeln, und sie genießen die Macht, sich Dinge dafür zu kaufen, ohne Schürfwunden vom Betteln auf Knien zu erleiden. Und ich löse heute Abend ein paar gelbe Grinsies gegen eine wohlverdiente Fußmassage ein. Aaah.

HONEY-DO'S

Was aber, wenn das Smiley-System Sie mehr und mehr dazu verlockt, Ihre Kinder für das Nichterfüllen der Aufgaben mit Abzügen zu strafen? Wie bekomme ich schlechte Angewohnheiten der Kinder weg, ohne sie zu maßregeln?

Dazu eine kleine Geschichte: Mein Sohn hatte bei Tisch die unakzeptable Angewohnheit zu schmatzen. Und zwar so, dass man während des Essens zusehen konnte, wie die Nahrung zerkleinert wurde. Ich kam mit Smiley-Versprechen nicht weiter, zumal das seiner Schwester gegenüber ungerecht gewesen wäre, denn sie bekam keine Smileys, weil sie sich benehmen konnte. Unsere übliche Methode wäre unlogisch und ungerecht gewesen. Also blieb mir nichts anderes übrig, als für solche Angewohnheiten zu strafen. In Absprache mit meinen Kindern tüftelten wir das Honey-do-System aus. Ein Honey-do ist ein Gefallen, den man jemandem tut, ohne dass man selbst einen Nutzen davon hat. Eigentlich betrifft ein Honey-do den Partner. Der bringt einem beispielsweise etwas aus der Küche mit, wenn man gerade nicht vom Sofa hochkommt, oder er wechselt die Winterreifen.

Für jedes Mal Schmatzen bekam Dorian also ein Honey-do. Das waren Kleinigkeiten wie »Mach mir bitte ein Wurstbrot« oder »Bring das zum Briefkasten«. Ich führte eine Strichliste, die ich einlösen konnte, wann immer ich wollte. Und was soll ich Ihnen sagen: Nach fünf Honey-do's blieb sein Mund zu. Nicht, weil er die Gefallen so schrecklich fand, sondern weil es ein Spiel für ihn war, gegen Mama zu gewinnen.

Gleiches funktioniert bei Kleinigkeiten, die eigentlich normal sein müssten. Bei jedem Kleckern gibt es ein Honey-do: »Nimm bitte meinen Teller mit in die Küche.« oder »Lies mir bitte eine Geschichte vor.«. Bei dieser Methode geht es gar nicht darum, sich Sklaven heranzuzüchten, sondern sie ist ein Spiel, um unliebsame Gewohnheiten der anderen Familienmitglieder einzudämmen. Und sie klappt hervorragend.

2. KAPITEL

HYPOCHONDERALARM!

PFLEGE, HYGIENE UND KRANKHEIT

»DANKE, ES GEHT.«

Viren und Bakterien, genau genommen ALLE Arten von Krankheitserregern, können Freunde oder Feinde einer Mutter oder eines Vaters sein. Was davon zutrifft, hängt von dem Kind selbst ab. Und natürlich ein bisschen von dem Virus. Eine Grippe, also eine RICHTIGE Grippe, kann einem als Eltern schon die Schweißtropfen auf die Stirn tackern. Denn eine richtige Influenza Gruppe A schlägt den Infizierten derart nieder, dass das Leben langsam anfängt, mit den ersten zwei Lebensminuten vor dem inneren Auge vorüberzuziehen.

Also Finger weg von den echten Grippeviren. Eine normale Erkältung ist da schon eher willkommen. Jede Infektion trainiert bei einem Kind das Immunsystem. Zumindest kann man sich Krankheiten so schönreden. Wenn man ein Kind hat, das bis 39,8 Grad Celsius Fieber herumtollt und bei 40,1 Grad Celsius dann plötzlich in tiefen, heilsamen Schlaf fällt, hat man den Jackpot, den Hauptgewinn. Manche Kinder fangen aber schon bei 37,7 Grad Celsius an, das ganze Stadtviertel lautstark auf ihr Leiden aufmerksam zu machen. Kranke Kinder können ihre Eltern belasten. Bis dato wurde so viel Energie in die Aufzucht gesteckt und das ist nun der Dank. Serviceleistungen den ganzen Tag und zu allem Überfluss noch das Gejammer, das auf dem Mutter- oder Vaterherz herumtrampelt, weil man das Leid ja irgendwie nicht ändern kann. Außerdem macht ein herumhüpfendes, fröhliches Kind mehr her als ein blasses, fieberndes, zerbrechliches Geschöpf. Und nicht nur das. Kranke Kinder sind für den wirtschaftlichen Aufschwung sowohl der Familie als auch des gesamten Staates ein Hemmschuh. Eltern müssen zu Hause bleiben und können ihre Dienstleistung nicht vollständig dem Bruttosozialprodukt zukommen lassen. Selbstständige verlieren ganze Tageseinnahmen. Kinder brauchen Pflege und Zuwendung, wenn sie krank sind. Es reicht nicht, sie vor die Glotze zu setzen und KiKa rauf und runter gucken zu lassen. Sie wollen gestreichelt werden und elterliche Nähe genießen. Sie wollen das Gefühl haben, dass sie nicht allein sind, denn das Kranksein verunsichert sie. Sie wissen nicht, was mit ihrem Körper geschieht, und manche haben sogar Angst, in Kürze zu sterben. Deshalb müssen Eltern ihnen in allerhöchster Not beistehen, Hühnersuppe kochen, heißen Tee aufbrühen und das Geschrei beim Wadenwickeln stoisch ertragen. Da gibt es keine Abhilfe. Nicht umsonst wird die Gesundheit in fast allen Kulturen als das höchste Gut angesehen. Hier versagt Wünsch-dir-was und gepimpt werden kann auch nicht viel. Gesund ist gesund und krank ist krank. Ich wünsche: »Gute Besserung!«

Einige Kinder können jedoch still vor sich hin leiden und jede Aufmerksamkeit bzw. jedes Hausmittel dankbar annehmen. Feine Kinder klammern sich an leckerem Heilkräutertee fest und nippen ihn brav und so heiß, wie es geht, bis die Kanne leer ist. Feine Kinder halten sich bei einem Magen-Darm-Virus selber den Eimer vor das Gesicht. Und noch feinere Kinder schaffen es sogar bis zur Toilette und putzen sie hinterher wieder. Feine Kinder lächeln ihre Eltern mit fiebrigen, roten Rändern um den glasigen Augen müde vom Krankenbett aus an und sagen: »Danke, es geht.«

ICH = INDIANER

Prinzipiell gesehen, könnte man unterscheiden zwischen körperlichem und seelischem Schmerz. Das wäre einfach, aber in der Praxis verschwimmt diese Grenze. Denn Schmerzen sind subjektiv und die Schmerzwahrnehmung hängt von vielen

Faktoren ab. Ein starker Kopfschmerz kann rein psychosomatischen Ursprungs sein. Zum Beispiel nach einem Kindergeburtstag Ihres achtjährigen Sohnes mit zehn gleichaltrigen Gästen in der eigenen Wohnung. Andererseits könnte er auch von dem neuen, ungeschickt geführten Baseballschläger Ihres Sohnes verschuldet sein.

Einem Kind den richtigen Umgang mit Schmerzen beizubringen, gestaltet sich als gar nicht so einfach, denn es hat viel mit Ihrem eigenen Leben und Ihren Erfahrungen zu tun. Zum Beispiel damit, wie Sie gelernt haben, mit Schmerzen umzugehen. Haben Ihre Eltern viel Aufwand betrieben, wenn Sie ihnen den nur noch an der Epidermis hängenden Finger präsentierten, oder wurden Sie eher darauf hingewiesen, dass Sie in Wahrheit von den Indianern abstammen?

Kleine Kinder verfügen über ein noch nicht ausreichend vernetztes Nervensystem, sind also nicht in der Lage, den Ort des Schmerzes genau zu lokalisieren. Deshalb haben sie anfangs IMMER Bauchweh. Auch bei psychischen Schmerzen. Wo genau es wehtut, lernt ein Kind erst im Laufe der Grundschulzeit zu lokalisieren. Dafür sind auch die Rangeleien mit Gleichaltrigen gut. Durch bloßes Diskutieren erlernt ein Kind nicht den Unterschied zwischen dem Schmerz, der von einer Geraden in den Magen herrührt, und dem von einem kräftigen Biss ins Ohrläppchen verursachten.

Wenn dann mal Blut fließt, muss ein Pflaster her. Das hilft immer. Auch kurz vor dem Sterben. Süße, niedliche Kinderpflaster – die hatte ich nur ganz kurz für meine Kinder. Ich versuchte immer, den Schmerz in ein Verhältnis zu der tatsächlichen Verletzung zu setzen. Ein Pflaster auf ein Fitzelchen Hautabschürfung zu kleben, finde ich unangemessen. Die Blutung nach einem Fahrradsturz zu stoppen und das Eindringen von Dreck in die Wunde zu verhindern, DAS finde ich angemessen.

Meist ist es aber nicht der körperliche Schmerz, der so schrecklich wehtut, sondern oft ist es das Erkennen der eigenen Unfähigkeit, nicht auf dem Baumstamm balancieren zu können oder bei einem Wettstreit verloren zu haben. Wenn man dann laut genug jault, erhält man die nötige Aufmerksamkeit, die einen alles andere, auch die Schmach des eigenen Unvermögens, vergessen lässt.

Dennoch sollten Kinder lernen, dass ihr Körper, gerade was die Bekämpfung von Schmerzen betrifft, zu Großem fähig ist. Die Selbstheilungskräfte des Körpers müssen aktiviert werden. Nichts anderes geschieht zum Beispiel, wenn wir einem Kind den Schmerz »wegpusten«. Die kühle Luft mag sich ja angenehm auf der Haut anfühlen und bietet eine Ablenkung von dem Schmerz, aber was tatsächlich hilft, ist die zusätzliche Aufmerksamkeit und Zuwendung, die dem Kind zuteil wird. Ein Kind, das in seinem Schmerz ernst genommen wird, kann viel besser damit umgehen.

Wenn es größer ist und die Welt um sich herum besser versteht, kann man ihm auch anspruchsvollere Methoden der Aktivierung seiner Selbstheilungskräfte vorschlagen. Beispielsweise funktioniert es ausgesprochen gut, wenn Sie dem Kind vermitteln, dass der Schnitt in seinem Finger nur ein winziger Teil seines ganzen, großen, gesunden Körpers darstellt. Und dass der Rest kräftig und gesund ist und sich das Kind darüber freuen kann. Nicht die kleine Wunde soll im Mittelpunkt stehen, sondern jener unversehrte Teil des Körpers. Malen Sie Ihrem Kind in den schillerndsten Farben aus, wie er sich mit all seiner Kraft auf die Fitzelwunde stürzt und sich allein um deren Reparatur kümmert. Sie werden staunen, wie das funktioniert.

Ich helfe Ihnen mal: »Schau mal, wie klein die Wunde ist (bei großen Fleischwunden klingt das allerdings ein wenig skurril, zugegeben). Dein Körper hat durch den Schmerz das Signal bekommen, loszulegen und alle seine Reparaturpolizisten zu dieser Stelle zu schicken. Das kann er, weil dein ganzer restlicher Körper fit und stark ist. Für ihn ist das eine Kleinigkeit. Schau mal, du kannst alle Arme und Beine bewegen, bist gut drauf und dein Körper legt jetzt richtig los.«

Die etwas kürzere Variante wäre: »Was hast du eigentlich? Du lebst!«

ERSTHELFER

Unterstützend zur Autosuggestion muss manchmal ein bisschen Hilfe von außen auf das Kind einwirken. Kleine Blessuren gehören zum Kinderalltag dazu – übrigens auch zu dem von ungeschickten Erwachsenen. Für solche Fälle sollte das Kind unbedingt wissen, wo sich der Erste-Hilfe-Kasten befindet, wie man ein Pflaster abschneidet und je nach Verletzung selbst anbringt. Es sollte wissen, wo das Kühlpack liegt und wie man telefoniert.

Ich halte es für keine schlechte Idee, bereits kleinen Kindern vernünftige Verhaltensweisen nach einem kleinen Unfall beizubringen. Damit meine ich keine Druckverbände oder Luftröhrenschnitte, sondern fünfgliedrige Rettungsketten, stabile Seitenlage und Mund-zu-Nase-Beatmung. Solche elementaren Kenntnisse sollte ein dreijähriges Kind durchaus in seinem Repertoire haben.

Ebenso wichtig erscheint mir der Umgang mit alltäglichen Erkrankungen wie einer Erkältung, Hals- oder Bauchweh. Es gibt doch nichts Schöneres, als bemuttert zu werden. Und wäre es nicht toll, wenn Ihr Kind Ihnen bei der nächsten Magen-Darm-Grippe selbstständig einen mit wenig Wasser gefüllten Eimer bringen würde, aus reiner Nächstenliebe und weil es weiß, was zu tun ist? Man kann den Kindern auch schon früh ersparen, den Siphon eines Waschbeckens aufschrauben zu müssen, weil sie vom ersten Erbrechen an beigebracht bekommen, dass man sich lieber in die Toilette übergibt als ins Waschbecken und sich zum Schutze des Interieurs auf keinen Fall auf dem Hochbett befinden sollte.

Einen Fremdkörper aus dem Auge zu holen bedarf keiner ausgefeilten medizinischen Ausbildung, und ein sauberes Tuch hat auch jedes Kind schon einmal gesehen. Hat es doch?!

Verbände wechseln gehört selbstverständlich ebenso zur Grundausbildung. Dabei ist es ratsam darauf zu achten, dass bei offenen Wunden die Heilsalbe nicht fehlt; außerdem sollte Ihr Kind darauf verzichten, die verklebten, von zahlreichen älteren Einsätzen kontaminierten Verbände aus dem Kinderarztkoffer zu verwenden.

Wadenwickel muss ein Kind sich nicht selbst anlegen können. Es reicht schon, sie stillschweigend zu ertragen. Die Betonung liegt hierbei auf STILLSCHWEIGEND!

Vergiftungserscheinungen sind zu unterscheiden von schäumenden Wutausbrüchen, wenngleich die Symptome möglicherweise Ähnlichkeiten aufweisen. Schaum vor dem Mund ist noch kein eindeutiger Hinweis auf eine Vergiftung. Auch können die hervortretenden Augen irreführend sein, denn Vergiftungen gehen eher mit Erbrechen einher. Nehmen Sie es hingegen nicht persönlich, wenn Ihr Kind sich nach dem liebevoll zubereiteten Mittagessen übergibt. Es liegt bestimmt nicht an Ihnen.

Bei all den technischen Feinheiten, die sich das Kind nun merken muss, soll es aber nicht vergessen, dass seine Mama oder sein Papa sich jederzeit und immer um es kümmern wird, wenn es sich verletzt hat. Die elterliche Zuwendung ist im Falle der körperlichen Angeschlagenheit – ich wiederhole – immer noch das Wichtigste. Sich um jemanden zu kümmern, ist etwas Dankbares, Schönes, was wir unbedingt unseren Kindern weitergeben sollten. UNBEDINGT.

FREMDBESTIMMTE SELBSTMEDIKATION

Kinder müssen lernen, Medikamente zu nehmen, wenn es die medizinische Indikation empfiehlt, um das eigene Überleben zu gewährleisten.

Aber manchmal auch einfach nur, um das Leiden und das Geschrei zu lindern und infolgedessen auch die unmittelbare Entlastung des pflegenden, umsorgenden Elternteils herbeizuführen. Ein sediertes Kind ist ein ruhiges Kind. Glücklicherweise sorgt die Industrie für leckere Geschmacksrichtungen. So kann das Kind beispielsweise jeden Tag ein Erdbeerantibiotikum schlecken. Aber auch, wenn das Medikament nicht so lecker ist, besteht die Möglichkeit, es Ihren Kleinen schmackhaft zu machen: Lassen Sie sie einfach wählen zwischen Lebertran und dem Schmerzmittel.

Die Frage, die sich bei Medikamenten jedes Mal aufs Neue stellt, ist die der richtigen Dosierung. Das liegt vor allem daran, dass das Kind wächst. Es wächst, weil Sie es füttern. Und wenn es wächst, legt es an Gewicht zu, wodurch sich auch die Medikamentendosierung verändert. Mehr Körper, mehr Mittel. Ganz einfach. Weil Mütter oder Väter aber jedes Mal vor einem großen Fragezeichen stehen, was die aktuelle Dosierung betrifft, sollte man dem Kind frühzeitig den Sinn eines Beipackzettels beibringen. Auch ein fieberndes Kind kann doch wohl versuchen, eine Tabelle zu lesen und sich selbst zu medikamentieren.

Ein Beispiel: Nasenspray zu verabreichen und dies auch regelmäßig zu tun, stellt eine zu große Herausforderung an … die Eltern dar. Ihre Nase läuft ja nicht. So sollte das Kind lernen zu erspüren, wann es Zeit ist, das ungefährliche Meerwasserspray dosierungsgetreu anzuwenden und sich an der feinen Wolke winzigster Tropfen Meeresfeeling zu erfreuen, die bei jedem missglückten Pumpstoß das Zimmer von schwebenden Staubpartikeln befreit. Fiebermessgeräte, die heutzutage nicht mehr stundenlang im After klemmen müssen, sondern mit einem Knopfdruck die Körpertemperatur anzeigen, sind so einfach in der Handhabung, dass das Kind bei leichten Veränderungen in seinem Befinden selbst zum Gerät greifen kann, um etwaige Temperaturschwankungen sofort auszumessen und die angezeigte Temperatur ins Verhältnis zum gesundheitlichen Befinden zu setzen. Und es lernt: Bei 38,8 Grad Celsius bin ich ja doch noch nicht GANZ tot.

ES WIRD NUR GANZ WENIG WEHTUN

Na, wo geht's wohl hin, wenn ein fröhlich grinsender Backenzahn in den Familienkalender gemalt ist? Naaa? Kinder werden auch ohne die euphorisierte Andeutung ihrer Eltern merken, dass ein Besuch beim Dentisten nicht mit einem Kirmesbesuch zu vergleichen ist. Ein fremder Mann, der in meinem Mundraum spazieren geht wie in einem Fleischerladen, dort sucht, findet und bohrt, der dürfte wohl jedem noch so offenen und schmerzerprobten Hilfesuchenden suspekt sein – gehört doch die Mundhöhle zu den empfindlichsten Körperregionen überhaupt. Alles, was dort eindringt, ohne den Zweck zu erfüllen, gegessen zu werden, wird als störend und unangenehm empfunden.

Deswegen ist Vorsorge wichtig. Ein Kind wird selten aus freien Stücken den komplizierten Ablauf des korrekten Zähneputzvorgangs verinnerlichen, aber eine grundlegende Reinigung sollte unter welchen Bedingungen auch immer ZWEIMAL TÄGLICH erfolgen. Den Kindern abschreckende Bilder von verfaulten Zähnen zu zeigen, verursacht zwar große Augen, doch der Zusammenhang zwischen nicht putzen und schwarzen Stummeln auf einem Foto ist für ein Kind nicht nachvollziehbar. Und wenn doch, verblasst der Effekt nach kurzer Zeit. Schon ein paar Tage später ist die Erinnerung an das grausame Bild verfaulter Zähne verschwunden und es wird fröhlich weiter geschlampt.

Manche Eltern setzen sich gerne mal auf ihre Kinder, halten sie an Armen und Beinen fest und putzen nach Herzenslust die Beißerchen. Der Effekt ist strahlend weißes Kauwerkzeug. Andere Erziehungsberechtigte vertrauen lieber auf leckere, bunte Zahncremes, die zukünftige Zahnprotesenträger lieber löffelweise essen, als sie zum Putzen zu benutzen. Und wieder andere singen, tanzen, deuten immer wieder strahlend auf die lustige Lillifee-Kinderzahnputzsanduhr und bieten ihren Kindern ein ausgefeiltes Animationsprogramm, damit diese vielleicht eventuell doch noch Freude am täglichen Zahnsäuberungsritual entdecken. Wenn alles nichts hilft, dann bleibt nur noch die brutale, verabscheuungswürdige Sanktion des SÜSSIGKEITENENTZUGS. Dabei bläst sich der verantwortliche Erziehungsberechtigte um fast das Doppelte seiner Körpergröße auf, stemmt die Hände in die Hüften, atmet tief ein und zischt von oben herab durch die Zähne: »Wenn du deine Zähne nicht putzt, dann gibt es morgen KEINE Süßigkeiten!« Das eingeschüchterte Mäuschen schwingt hastig das Zahnbürstchen, wünscht freundlich eine »Gute Nacht« und verschwindet im Bett. Und wenn es keine Zähne putzt, bekommt es von uns inkonsequenten, vergesslichen oder viel zu weichen Eltern dann doch einen Nutellatoast. Das ist ja schließlich keine Süßigkeit und den Nachtisch könne man nicht verwehren, den habe sich das Kind doch durch braves Aufessen des Rosenkohls verdient.

Über den Verlust eines Milchzahnes kann sich ein Kind übrigens nach wie vor freuen. Ein alter Brauch, kombiniert mit einem Fabelwesen, verhilft ihm nämlich zu unverhofftem Reichtum, denn Anfang des 19. Jahrhunderts kam die Zahnfee in Mode. Legt man den ausgefallenen Milchzahn unter das Kopfkissen, kommt sie des Nachts herbei, nimmt ihn mit und lässt im Austausch ein Geldstück, Gold oder ein Geschenk zurück.

Nun, dieser Brauch hatte wohl ursprünglich etwas mit dem Heranwachsen des Kindes zu tun. Es dafür auszuzeichnen, zu belohnen oder zu besänftigen, dass es wächst und den natürlichen Lauf der Dinge erfährt, finde ich – euphemistisch ausgedrückt – amüsant. Denn Taschengeld oder materielle Werte bekommen Kinder ohnehin im Überfluss. Das heißt, sie sind normalerweise finanziell nicht auf die Gaben der Zahnfee angewiesen. Hingegen ist es für die Eltern ein großer Spaß, sich nachts ins Kinderzimmer zu schleichen und sich anschließend zu freuen, wenn sie das Kind nach Strich und Faden veräppelt haben. Bleibt nur noch der spannende Moment, an dem das Kind neugierig fragt: »Und was macht die Zahnfee mit den vielen Zähnen? Woher weiß die Zahnfee denn von den ausgefallenen Zähnen? Wie kommt sie ins Zimmer? Wie sieht sie eigentlich aus? Und kommt sie jedes Mal und woher kommt das Geld und, und, und …«

AUSSEN HUI, INNEN PFUI ...

Können Sie sich noch erinnern, wie Ihr Kind als Baby geduftet hat? Rein, sauber und irgendwie zum Auffressen. Vorausgesetzt natürlich, es hatte gerade eine frische Windel an. Dieser Geruch ändert sich. Irgendwann um den sechsten Geburtstag herum beginnt das Kind, wie ein richtiger Mensch zu riechen. Die Talgdrüsen werden aktiver und die Kopfhaut produziert Fett. Spätestens jetzt sollte das Kind die Notwendigkeit regelmäßiger Körperhygiene begriffen haben, zum Schutze seiner sozialen Integration in die Gesellschaft. Es gibt vielerlei kleine Handgriffe, die ein Kind in Sachen Hygiene erlernen kann und sollte, um in der Welt außerhalb des eigenen olfaktorischen Mikrokosmos zu bestehen und nicht auf Naserümpfen oder Stirnrunzeln seiner Mitmenschen zu stoßen.

Hygiene beginnt bei den Kopfhaaren, von denen Kinder oft noch mehr besitzen als in die Jahre gekommene Erwachsene. Und diese bedürfen je nach Länge einer gewissen Grundpflege. Sie müssen gewaschen, gekämmt und gebürstet werden und man kann niedliche Frisuren mit ihnen machen. Bringen Sie Ihrem Kind einen gesunden Umgang mit dem eigenen Haar bei, indem Sie ihm suggerieren, dass Kurzhaarschnitte »in« sind und sie mit denen auch viiiel mehr Zeit zum gemeinsamen Spielen hätten. Kann man ja mal behaupten.

Nicht identifizierbare Materialien, die die Haarsträhnen zu einem undurchdringlichen Klumpen verkleben, sind zeitraubend und ziehen nicht selten doch noch den Kurzhaarschnitt nach sich. Wenn sich das Kind daran gewöhnt hat, sich in regelmäßigen Abständen den Dreck aus den Haaren entfernen zu lassen oder dies im Idealfall sogar selbst zu erledigen, darf es sich zur Belohnung alle paar Wochen die Haare selber schneiden.

Ab einem gewissen Alter und mit ausgebildeter Feinmotorik kann das Kind sich seine Zöpfe allein flechten. Sollten Sie es in ausreichendem Maße zu einem selbstbewussten Wesen erzogen haben, wird es auch mit dem Ergebnis klarkommen. Ansonsten eignen sich kleine Brüder mit einer »zopfbaren« Haarlänge hervorragend als Bereitsteller von Übungsmaterial. Ist jedoch Eile geboten, können Frisuren von geübter Erwachsenenhand schneller und unkomplizierter fertiggestellt werden. Ohne den männlichen Vertretern unserer Gattung zu nahe treten zu wollen, aber mit »schneller« meine ich: Hinterkopf zusammennehmen, durch einen sich schon am Handgelenk befindlichen Haargummi (KEIN Haushaltsgummi!) ziehen, noch mal srrt, srrt und srrt und fertig. Die Prozedur erfordert KEINE technischen Hilfsmittel und kann in einer Minute erledigt sein.

Ebenso wie eine gut sortierte Haarpracht können auch lange, gepflegte Fingernägel sehr schön aussehen. An einem Kind haben sie allerdings nichts zu suchen. Blutige Kratzer und Fleischwunden sind doch eher etwas für die Sado-Maso-Ecke, aber weder die eigene Familie noch die Spielkameraden sollten von nachlässiger Nagelpflege in Mitleidenschaft gezogen werden. Ich jedenfalls weigere mich standhaft, mit meinen Kindern zu spielen und zu toben, wenn sie Waffen tragen wie Freddy Krueger.

Zu beachten ist dabei natürlich auch der Umgang mit den entfernten Hornschnipseln. Zu gern gewöhnen sich Kinder an, die abgeschnittenen Nägel dekorativ in der Wohnung zu verteilen. Auf dem Sofa schneidet es sich doch so bequem. Nix da! Nagelreste gehören in den Müll oder in die Blumenerde als Dünger.

Auch der Toilettengang birgt so manche Überraschung, mit der ich im vormütterlichen Leben niemals gerechnet hätte. Ich wusste nicht, dass man Angst haben kann, durch das dunkle, enge Fäkalienrohr hinuntergesaugt zu werden. Ich wusste nicht, dass man einen so kleinen Po haben kann, dass er bei Flachspülern plötzlich ganz tief rutscht und man in seiner eigenen … also relativ unangenehm zum Sitzen kommt. Ich wusste auch nicht, dass eine Spülung so laut und erschreckend sein kann, dass man nie wieder spülen können würde; und ich wusste schon gar nicht, dass das laute Krachen, das ein Klodeckel bewirkt, wenn er einem aus der Hand rutscht und auf die Brille schlägt, ein Kind für immer und ewig derart traumatisieren kann, dass es sich von da an standhaft weigert, ihn je wieder zu schließen.

Gut, in unserer Zivilisation ist es nun mal üblich, die Toilette für die Entleerung des Darms zu benutzen. Deshalb sollte das Kind auch behutsam an die entsprechenden Verhaltensweisen herangeführt werden. Dabei kann es lernen, dass man irgendwann die anatomischen Voraussetzungen erfüllt, um sich den Po aus eigenen Kräften abzuwischen. Am Anfang mag dies noch an der Kürze der Arme scheitern, aber dafür kann ein Kind den Rücken viel weiter krümmen als ein Erwachsener und erreicht die zu reinigenden Stellen leichter.

Wenn das Kind nun den Toilettengang nach Ihren Vorstellungen erledigen kann, ist es Zeit für den Fortgeschrittenenkurs: die Toilette sauber zu hinterlassen. Da gibt es Tröpfchen, die danebengehen, gut erkennbar auf der Klobrille liegen bleiben und mit einem Blättchen Toilettenpapier erst mal aufgenommen werden können. Da gibt es feine Schmierspuren in der Schüssel, die mithilfe des borstigen, runden Dings neben der Toilette entfernt werden können. Da gibt es den widerspenstigen Strahl, der im Eifer des Gefechts schon mal danebengehen und von dem Verursacher unter Verwendung von ausreichend Wasser wieder versucht werden kann aufzuwischen.

Nach jeder Bemühung des Kindes, seinen Platz sauber zu hinterlassen, muss in den ersten Jahren sowieso von den elterlichen Putzassistenten nachgereinigt werden. Was aber keinesfalls und unter keinen Umständen zugelassen werden darf, ist, dass derjenige, der das letzte Blättchen Klopapier benutzt, aus der Verantwortung entlassen wird, an die gleiche Stelle eine neue Rolle zu hängen. Hierfür gibt keine, aber auch gar keine Ausrede, da die Verweigerung dieses einfachen Handgriffs den Toilettengang eines Erwachsenen zu einem unangenehmen Erlebnis werden lässt, bei dem er mit festgehaltener Hose in gebückter Haltung zum Toilettenpapiervorrat hüpfen muss, um sich selbst mit dem Notwendigsten zu versorgen.

Auch die fachgerechte Handhabung des Toilettenpapiers ist eine Kunst für sich. Faltet man das Papier oder knüllt man es? Wie viel nimmt man? Und kann man es auch beidseitig verwenden? Meine Tochter kennt noch heute den Spruch: »Von vorne nach hinten, dann wird's nicht stinken.« Mein Sohn weiß von Mama, dass man sich beim Pinkeln hinsetzen soll – und von Papa, dass das unmännlich ist. Jedenfalls habe ich einen »Knüller« und einen »Falter« zu Hause. Der »Knüller« nimmt gern mal so viel, dass ich mich frage, warum das Papier überhaupt erst mühsam auf eine Rolle aufgerollt wurde, sie hätten es ihm auch gleich in der Fabrik um die Hand wickeln können.

Nun aber kommt der eigentliche Haken am Popoabwischen: Kinder leiden alle unter dem Kindchenschema. Das heißt: Kopf groß, Stirn groß, Augen groß – und Arme … KURZ! Wissen Sie, wie schwer es ist, sich mit kurzen Armen den Hintern abwischen zu müssen? Also üben Sie sich in Geduld und waschen Sie wortlos nach jedem seiner missglückten Versuche, an das andere Ende des Körpers zu gelangen, die Hände Ihres Kindes.

Anfangs wurde dem Säugling regelmäßig die Windel gewechselt, in manchen Familien sogar mehrmals am Tag, sodass ein sauberes »Untenrum« immer gewährleistet war, das Baby toll duftete und es weder wund noch infektiös wurde. Als das

Kind dann Interesse daran fand, sein »Geschäft« selbst wegzubringen, kümmerten sich die älteren Familienmitglieder immer noch darum, dass alles unterhalb des Bauchnabels und über den Knien sauber und rein blieb.

Als das Kind aber begann, sich anzuziehen und sich dementsprechend auch die Kleidungsstücke (im Idealfall) selbst zurechtzulegen, fehlte es seinerseits plötzlich an Verständnis für die erforderliche tägliche Frische zwischen den Beinen. Die Unterhose wurde am nächsten Tag aus reiner Faulheit wiederverwertet und am nächsten und übernächsten ebenso. Früher war die Unterwäsche wenigstens noch ausschließlich weiß, sodass man die Einsparungsversuche der Kinder besser erkannte. Heute sind die Schlübber gern auch mal in der richtigen Vertuschungsfarbe oder zumindest seeehr dunkel. Lassen Sie sich also nicht täuschen. Fordern Sie Ihr Kind auf, sich jeden Tag eine neue Unterhose bereitzulegen UND die alte in die Schmutzwäsche zu befördern. Und gehen Sie einfach über den Spruch hinweg: »Aber Papa macht das doch auch nicht!«

Ein Kapitel über Hygiene hat aus der Natur der Sache heraus immer etwas mit Ekel zu tun, denn ohne Schmutz keine Hygiene. Sollten Sie aber eine gewisse Empfindlichkeit gegenüber Nasensekreten an den Tag legen, überspringen Sie JETZT den nachfolgenden Abschnitt.

Ich erörterte dieses Thema bereits farbenfroh und ausführlich in vorangegangenen Büchern. Es ist jedoch so existenziell wichtig, dass ich nicht umhin komme, auch hier den richtigen Umgang damit zu dozieren.

Nasensekret übt eine große Faszination auf Kinder aus. Es stellt für sie körpereigenes Spielzeug dar, das sie besonders in den Wintermonaten immer bei sich tragen und das auch fortwährend nachproduziert wird. Die Konsistenz variiert mannigfaltig zwischen schleimig und knetbereit. Kinder bevorzugen die Knetvariante, um die weiche Masse genussvoll zwischen den Fingern zu rollen und immer wieder einen Blick darauf zu werfen – beispielsweise um zu überprüfen, ob sich die Farbe aufgrund des Schmutzes an den Fingern einem dunklen Braun angenähert hat oder ob sie noch grün ist.

Den richtigen Umgang mit Nasensekret zu üben, sollten Sie frühzeitig beginnen. Störendes, eingetrocknetes Sekret soll unter Ausschluss der Öffentlichkeit mit einem Taschentuch oder einem Stück Klopapier aus dem Nasenloch entfernt und unauffällig in einen Mülleimer entsorgt werden. Wichtig ist hierbei wieder das gute Vorbild, das Sie selbst abgeben. Zur Not können Sie auch darauf hinweisen, dass es vielerlei Kleinstlebewesen wie Milben oder Ähnliches gibt, die sich hungrig auf die achtlos auf den Teppich geworfenen Popel stürzen, daran laben und sich so vermehren.

Die schleimigen Nasenauswürfe, die Kinder mit Vorliebe an ihrer eigenen Hose abwischen, gehen beim Waschen wieder raus, auch wenn sie schon eingetrocknet sind und eine glatte, an Farbe und Streichrichtung aber eindeutig identifizierbare Schicht hinterlassen haben. Sollten Sie der popeligen Lage nicht Herr werden, stellen Sie einen Setzkasten bereit, in dem die winzig kleinen, liebevoll geformten Skulpturen gewinnbringend ausgestellt und veräußert werden können.

Um ein Kind schließlich gründlich von Schmutz und Bakterien zu reinigen, eignet sich der wöchentliche Besuch eines Schwimmbades mit ausgesucht hohem Chlorgehalt, am besten am Montag, wenn der Computer den Chlorbedarf nach einem gut besuchten Wochenende um etliche Prozent erhöht hat. Alle Ecken und Falten des menschlichen Körpers werden desinfiziert und in ausreichendem Maße durchgespült, bei Nichtschwimmerkindern manchmal sogar der Magen-Darm-Trakt. Stören Sie sich nicht an etwaigen Pilzen oder anderen

Hauterkrankungen, die sie mit nach Hause nehmen, denn: Hey, Ihr Kind ist sauber.

Sollten aber alle Bemühungen in Richtung Sauberkeit ins Leere laufen, bleibt Ihnen nur noch eine Möglichkeit: die Täuschung. Und zwar die Täuschung der Umwelt. Fettige Haare werden zum Zopf geflochten, bei Jungs reicht eine gehörige Portion Haargel. Kinderfreundliches Deo an die müffelnden Stellen. Und lassen Sie Ihre Kinder unter Wolken von Febreze für Waschverweigerer tanzen. Dann noch einen Fisherman extrastark zwischen die Zähne gepresst und fertig ist das »Außen hui, innen pfui«-Kind.

NEHMT ABSCHIED, BRÜDER, UNGEWISS ...

Zum Leben gehört ebenfalls dazu, dass Kinder verstehen, was Abschied nehmen bedeutet. Abschied von der Windel, zumindest bis die Altersinkontinenz sie einholt. Abschied vom Schnuller, zumindest bis sie von einem Klassenkameraden in einer abgelegenen Ecke des Schulhofes davon überzeugt werden, dass sie ohne »Fluppe« nicht dazugehören. Abschied von der Flasche, zumindest bis sie volljährig sind oder es im Getränkemarkt vorgeben zu sein, um an die dröhnungsverheißende Flüssigkeit zu gelangen. Abschied von langen Haaren, die mit Harz verklebt sind. Abschied von zu klein gewordenen Klamotten, die sie aber wegen der familiären Vererbungslehre an ihren Geschwistern noch viele Jahre lang sehen werden.

All das ist für Kinder erträglich, weil es sich um Dinge handelt, die irgendwann wiederkommen. Manchmal muss man jedoch Abschied für immer nehmen. Von Lebewesen, die uns ans Herz gewachsen sind. Von Zecken, die sich mit uns als Wirt verbunden haben und nach grausamer Entfernung mit metallischem Greifgerät jäh den schnellen Tod in einer rituellen Feuerbestattung finden. Auch wird der Prozess des Loslassenkönnens bei Kindern durch einen Läusebefall hart auf den Prüfstand gestellt: Hunderte kleiner, unschuldiger Gottesschöpfungen werden durch fachmännische Vernichtung in den Ausguss gespült. Sie ersticken grausam. Trächtige Mütter und ihre zahlreichen Eier, die noch kein einziges Mal das schmackhafte Blut ihres Wirtes kosten durften, werden, betäubt von narkotisierenden Düften, aus dem Haar gekämmt. Nach tagelanger Zweisamkeit von Wirt und Kind, in der das Kind durch ständiges Kopfjucken daran erinnert wurde, dass es nicht allein war, fällt der Abschied schwer. Aber es muss sein.

3. KAPITEL

THE TRANSPORTERS

REISE UND UNTERWEGS

»Ich sehe was, was du nicht siehst.«

Lange Autofahrten wurden definitiv von kinderlosen Menschen erfunden. Solche Fahrten sind ein Graus, denn selbst wenn die zu transportierenden lebenden Organismen anfangs euphorisch und lustig gestimmt sein sollten, wird die Reise mit den Stunden doch mühsam und spätestens mit dem ersten Ferienstau verflüchtigt sich die anfängliche Begeisterung vollends. Ein Kind, welches das fragwürdige Privileg genießt, allein mit seinen Eltern zu reisen, kann sich über genügend Raum auf der Rückbank freuen und seine Spielzeuge um sich herum ausbreiten. Diese geben jedoch keine Widerworte, mit ihnen kann man nicht kämpfen und sich zanken und es wird richtig schwer, die Aufmerksamkeit der fahrzeugführenden Person auf sich zu ziehen. Aber durch plötzliches Erbrechen, nahenden Hungertod oder eine mit fünf Millilitern gefüllte Blase, die DRINGEND geleert werden muss, erreicht man auch das.

Das führt mich geradewegs zu einem überlebenswichtigen Hinweis im Kampf um den familiären Frieden: Sollte der Wagen über keine Trennscheibe verfügen, ist es erforderlich, dass die Kinder lernen, den Fahrer für die Dauer der Reise zu ignorieren. Er wird möglicherweise versuchen, durch konsequentes Nichtbeachten der Kinder ihre Aufmerksamkeit auf sich zu ziehen. Kinder sollten dies aber nicht zur Kenntnis nehmen, sondern sich auf der Rückbank allerlei lustigen Spielen widmen, zum Beispiel: »Ich sehe was, was du nicht siehst.« Ja, und ich sehe es nur so lange, bis ich vorbeigefahren bin. Und das sind nur Sekunden. Also schnell raten.

Eine interessante, daraus abgeleitete Variante des Spiels findet sich in: »Ich sah gerade, was du nicht mehr sehen wirst, und das musst du erraten.« Sich auf die zu sehenden Dinge IM Wageninneren zu beschränken, ist zwar clever, aber aufgrund der eingeschränkten Blickwinkel relativ schwierig zu realisieren. Die Gegenstände sind oft tatsächlich nur für den »Sehenden« sichtbar und entziehen sich dem Blickfeld der Mitreisenden. Beispielsweise die braune, leere Snickers-Verpackung in meinem Türfach.

»Autokennzeichen raten« spiele ich gern, denn es ist so schön entspannend, wenn man stundenlang mit den immer gleichen Fahrzeugen im Ferienstrom schwappt. Dieses Spiel erfordert ein gewisses Maß an Vorbildung, das ich persönlich nicht vorweisen kann. Allerdings behelfe ich mir mit einem Trick: Manchmal steht auf dem Nummernschild ganz klein am unteren Rand das Autohaus, aus dem der Wagen stammt, und somit oft auch die Stadt. Man sollte allerdings entweder ein Fernglas zur Hand oder die Bremse extrem gut im Griff haben, wenn man so nah auffährt, dass man die Schrift erkennen kann.

»Tiere zählen« erfreut sich ebenfalls großer Beliebtheit, vor allem, wenn das Gestreite – »Das war MEINE Kuh!« – um einen einzigen Wiederkäuer losgeht, der einsam auf einer Weide grast und nicht die geringste Ahnung hat, dass seine Existenz soeben einen mittelschweren Intra-PKW-Krieg auslöst. Ein Hase, der gerade im hohen Gras verschwunden ist und daher nicht von den anderen als gesehenes Tier bestätigt werden kann, bleibt eine nette Entdeckung, die aber keine Punkte bringt. Und Insekten an der Frontscheibe sollten ausgeschlossen werden, obwohl sie das Mitwirken ambitioniert mit ihrem Leben bezahlt haben.

Meine Kinder erinnerten mich neulich an ein Spiel, das ich auch sehr mochte, aber ICH habe das Verlieren mit Würde getragen und nicht mit stundenlanger Depression und geknüpftem Henkersknoten aus Socken. Die Kinder heutzutage halten einfach nichts mehr aus. Bei diesem Spiel verabredet das Kind mit sich selbst, dass jetzt ein Rennen stattfindet. Am (fliegenden) Start auf der Autobahn befinden sich der eigene Wagen und ein oder mehrere andere. Heimlich wettet das Kind nun mit sich selbst, wer schneller ist, und verfolgt das Rennen mit Spannung. Bald schon hat es gelernt, gewissen Autotypen gewisse Fahreigenschaften zuzuordnen, und es kann immer besser einschätzen, wer gewinnen wird. Dabei unterscheidet es auch, ob Papa oder Mama am Steuer sitzt. Bei Mama sollte man sich nämlich ganz andere Spiele ausdenken und zum Wohl des eigenen Selbstbewusstseins auf ein imaginäres Rennen mit anderen verzichten.

Eine andere Art Wettrennen mit sich selbst oder auch mit anderen bietet ein schöner Regenschauer. Während der Fahrer des Wagens konzentriert versucht, das Auto heil über jedes Aquaplaning zu manövrieren, können alle anderen Insassen sich ihre »Pferdchen« wählen und wetten. Wessen Regentropfen an der Scheibe zuerst unten oder am Rand angekommen ist, der hat gewonnen. Das ist ein verdammt schnelles Spiel, wenn es Bindfäden regnet, kann aber mehrere Minuten überbrücken, wenn es nieselt und sich nur von Zeit zu Zeit kleine Wassermolekül-oasen an der Scheibe bilden. Doch sobald sich die Tropfen an der Scheibe miteinander vereinigen, bedeutet das, dass man gemeinsam gewinnt, und nicht, dass man sich darum prügelt, wer sich wessen Tropfen einverleibt bzw. ihn »verschluckt« hat.

Ein Konzentrationsspiel für die Augen und gleichsam eine willkommene Unterhaltung bieten die Leitplanken oder weißen Begrenzungslinien. Erstaunlich, wie viele Kinder glauben, dieses Spiel erfunden zu haben. Man fixiert dabei die Leitplanke mit dem Blick, sodass sie als breiter Streifen neben dem Auto dahingleitet. Plötzlich verschwindet der Streifen in der Erde. Und taucht wieder auf. Ein faszinierendes Spiel, das Ihnen endlich erklärt, warum Kinder betteln: »Können wir noch ein bisschen Autobahn fahren?«

Genauso schön ist das Verfolgen der weißen Fahrbahnbegrenzungen. Die unterbrochenen Striche blinken, wenn man sie fixiert, die Standstreifen verkrümeln sich bei einer Ausfahrt. In der Stadt fließen schraffierte Flächen auf einen zu oder von einem weg. Was auch immer man an Linien verfolgt, man hat das Gefühl, sie begleiten einen auf der langen Reise ins Ungewisse; wenn die Leitplanke plötzlich im Boden verschwand, war ich persönlich beleidigt und versuchte durch Recken meines Halses zu ersehen, wann mein treuer Freund wieder auftauchen würde.

Nach einer langen Reise sieht es im Inneren des Wagens meist aus wie nach einem Tornado auf dem städtischen Müllberg. Man kann das Auto einer Grundreinigung unterziehen, es aber auch lassen, je nachdem, wo der persönliche Leidensdruck und die hygienischen Anforderungen an die Gesundheit ihre Grenze finden. Man sollte während einer Autofahrt einfach überhaupt gar NICHTS nach hinten reichen. Kinder müssen lernen, dass das Auto kein Fünf-Sterne-Luxusliner ist. Immerhin können sie aus dem Fenster starren und Linien beobachten, Wolken vorbeiziehen sehen, Fensterscheiben anhauchen und mit dem Finger in dem Kondensatwölkchen malen oder ihre Haare verknoten. Oder schlafen. Geben Sie deshalb weder vor der Fahrt noch währenddessen Energydrinks. Niemals. Das optimale Mitfahrerkind ist dick (dann plagt einen kein schlechtes Gewissen, wenn man es während der Fahrt nicht füttert) und hatte noch nie Spaß an Bewegung. Im Gegenteil. Es freut sich, dass es nun endlich mal faul und unbeweglich rumsitzen DARF, und das für mehrere Stunden.

Vermeiden Sie im Affekt ausgesprochene Drohungen wie: »Dann fahren wir wieder nach Hause«, obwohl das Navi nach einer fünfstündigen Fahrt das Erreichen des Zieles in zehn Minuten angekündigt hat und Sie ganz genau wissen, dass es kein Zurück mehr gibt, weil die Reise seit Wochen geplant, die Verwandten informiert sind oder das Hotel gebucht ist. Kinder sind nicht doof. Sie tun sich damit keinen Gefallen, weil Ihre Glaubwürdigkeit mit jeder haltlosen Drohung ein Stück mehr untergraben wird. Kinder müssen lernen, dass einem beim Lesen im Auto wegen des gestörten Bezugspunktes und der geneigten Kopflage inklusive schief schwimmender Gleichgewichtsflüssigkeit im Innenohr SCHLECHT werden kann. Und dass es immer besser ist, wenn man das unangenehm riechende Ergebnis der aufgekommenen Übelkeit tunlichst in ein verschließbares Behältnis füllt und zur Entsorgung für das Auftauchen aufdringlicher oder verkehrserziehender Überholspurbremser aufbewahrt. Volle Kotztüten aus dem geöffneten Fenster auf den nachfolgenden Verkehr zu werfen ist zwar lustig, aber leider verboten.

Ich bin eine Verfechterin des reduzierten Fernsehkonsums, doch seit es diese tragbaren DVD-Abspielgeräte für Autos gibt, LIEBE ich übermäßigen Fernsehkonsum. Anfangs sollte dieses Mittel noch spärlich eingesetzt und als »Goodie« bzw »positive logische Konsequenz« für tadelloses Benehmen eingesetzt werden – und bitte erst, wenn man sich aus dem anstrengenden Stadtverkehr auf die Autobahn gekämpft hat.

»EIN Film pro langer Autofahrt und erst, wenn wir auf der Autobahn sind!« gehört schon lange der Vergangenheit an und ist im Sog der vermeintlich lebenserleichternden Inkonsequenz untergegangen. Lassen Sie mich es anders ausdrücken: Bei einer Fahrt von Köln nach Kiel befinden sich 27 DVDs zwischen meinen Kindern auf dem Rücksitz. Direkt neben dem Schuhkarton bröselfreier Nahrungsmittel und wiederverschließbarer, zuckerhaltiger Getränkeflaschen …

So kommen wir ohne Umschweife zum Thema »Neurolinguistische Programmierung bei Autofahrten mit Kindern«. Sollten Sie den Fehler begangen haben, Ihr Kind beim Autofahren mit Leckereien ruhig gestellt zu haben, dann herzlichen Glückwunsch. Sie haben ihm eine unterbewusste Verbindung zwischen Autofahren und Nahrungsaufnahme eingepflanzt. Macht nix, hab ich auch gemacht, lässt sich aber ändern. Vergessen Sie doch einfach die Lebensmittel mit einer theatralischen Geste (mit der flachen Hand auf die Stirn klatschen): »Ach, wie bin ich schusselig!«, und machen Sie die Kinder mitverantwortlich: »Da hättest DU ja auch mal dran denken können.« Sie werden sehen, wie schnell diese Gewohnheit verflogen ist.

TAXI, TAXI!

Weisen Sie Ihr Kind vor jeder Fahrt unbedingt darauf hin, dass im Auto Anschnallpflicht herrscht. Damit ist aber nicht gemeint, dass SIE die Pflicht haben, das Kind anzuschnallen, sondern es ist lediglich klarzustellen, dass alle Personen im Auto laut gesetzlicher Vorschrift angeschnallt sein müssen. Ich sage Ihnen eines: Sie gewinnen enorm an Lebensqualität, wenn Ihr Kind sich frühestmöglich die Fähigkeit des Angurtens aneignet oder dies sogar für ein ungelerntes Kind mit übernehmen kann. Das bedeutet nämlich, dass Sie ohne Umwege auf der Fahrerseite einsteigen, sich selbst anschnallen, den Motor starten und losfahren können, ohne Ihren Po erst auf der einen und anschließend auf der anderen Rücksitzseite (je nach Autotyp und Anzahl der Kinder) in den Wind halten zu müssen. Lachen Sie nicht, sondern denken Sie das nächste Mal an mich, wenn Sie sich fluchend über ein ungepimptes Kind auf seiner Sitzerhöhung krümmen und versuchen, die Steckzunge in das Gurtschloss zu drücken.

Autotüren werden immer nur so weit geöffnet, wie es der Abstand zum nebenan parkenden Wagen zulässt. Sollte sich die

Tür wie von Geisterhand doch einmal weiter geöffnet haben, bringen Sie Ihrem Kind bei: Lippen schürzen, so unschuldig wie möglich pfiffeln und einen neuen Parkplatz in einer anderen Stadt suchen. Besser noch in einem anderen Land, wenn man bedenkt, dass Sie gerade das Wertvollste angegriffen haben, das ein Deutscher besitzen kann. Nein, nicht sein Kind! Sein Auto. Autolack ist empfindlicher als die menschliche Haut und es tut auch weit mehr weh, sollte dieser durch unachtsames Verhalten verletzt werden. Das erfährt das Kind schon in jungen Jahren am eigenen Leib, nachdem es mit einem spitzen Stein das Schreiben seines Namens auf Papas Autotür geübt hat. Ein unversehrtes Auto ist ein gutes Auto. Und sollte sich auf der Kofferraumklappe einmal eine Dreckschicht angesammelt haben, ist diese auf gar keinen Fall durch Schriftwerke mit Fingern wie: »Mamas Auto« oder »Ich bin dräckich«, hervorzuheben.

Eine Tankstelle ist ein Ort der Arbeit und der Lehre. Was Kinder nicht alles lernen können bei so einfachen Gelegenheiten wie dem Tanken! Klar, der Umgang mit Benzin muss gut eingeübt sein und bedarf einiger Geschicklichkeit sowie bestimmter körperlicher Voraussetzungen. Deswegen sollte man bei kleineren Kindern mit ungefährlicheren Tätigkeiten beginnen. Zeigen Sie ihnen, wie man fachgerecht die Scheiben und Scheinwerfer putzt, den Luftdruck misst und den Ölstand prüft. Nehmen Sie das lernwillige Kind mit zum Autostaubsauger und Hochdruckreiniger. Sollte es dennoch zu klein für diese wirklich einfachen Tätigkeiten sein, nutzen Sie die Möglichkeiten der vorhandenen technischen Geräte, um nicht nur das Auto, sondern auch das Kind einer Grundreinigung in einer Waschanlage zu unterziehen. Gewonnen haben die Cabriobesitzer, die lediglich darauf achten müssen, den Nachwuchs so anzuschnallen, dass er sich nicht aus eigener Kraft befreien kann. Der Rest trocknet wieder.

Ein Kind ist bis zum Erreichen der Volljährigkeit in seiner Mobilität von den Eltern abhängig. Nun stellt sich aber die Frage, wie man diese unendlich lange Zeitspanne überbrückt. Dass Säuglinge gefahren werden müssen, erkennt die kluge und aufmerksame Jungmutter spätestens beim Verlassen des Krankenhauses, wenn sie ihr Kind zum ersten Mal in einem meist unhandlichen Tragesitz zum Auto schleppen und es dort mit noch ungeübten Handgriffen festschnallen muss. Ist sie sich aber der Tatsache bewusst, dass es von nun an keine »Leerfahrten« mehr geben wird? Dass sie nie mehr das Radio nach ihren Gelüsten aufdrehen kann, geschweige denn grölend mitsingen? Dass sie nie mehr eine Leckerei an der Tankstelle kaufen können wird, ohne sie teilen zu müssen? Nein, es gibt kein »Ich fahr mal schnell …« oder »Ich hol mal schnell …«. Alle Fahrten müssen wohlorganisiert sein. Und wenn das Kind dann im lauffähigen Alter ist, drängt sich zum ersten Mal die Frage auf: »Muss ich es denn fahren?« Ja, Sie müssen.

Abschließend stelle ich hiermit allgemeingültige und unumstößliche Regeln für minderjährige Mamataxibenutzer auf: einsteigen, Schuhdreck gekonnt durch Aneinanderklopfen der Füße AUSSERHALB des Autos entfernen, Tür leise schließen, sich und andere Kinder anschnallen, Füße von der Rückenlehne des Vordersitzes fernhalten, Nahrungsaufnahme einstellen und Blase wie Darm verschließen, bis das Fahrtziel erreicht ist. Während der Fahrt nicht und unter keinen Umständen mit dem Fahrer sprechen. Es gibt kein Eis, kein »Wann sind wir da?« und kein »Ich muss mal«. Und es gibt KEINE Diskussion, wer wo sitzt. Ich hasse »Wer sitzt wo«. Es wird das im Radio gehört, was der FAHRER hören will; und wenn dieser mitsingen möchte, so darf er das in der Lautstärke, die er für angemessen hält, und in der Tonlage, die er für angemessen hält. Der Fahrer ist der Chef im Auto. So sei es!

ALLES AUSSTEIGEN BITTE, DER ZUG FÄHRT AB!

Während des Aufenthalts an Bahnhöfen gilt das Gleiche wie für Besuche einer Kirmes, von Weihnachts- und Trödelmärkten oder Stadtfesten und allem, was durch größere Menschenansammlungen charakterisiert ist. Trubel, geschäftige Menschen und das Wichtigste: Das Kind ist mit einer Schnur oder einem Gürtel fest an Mutter oder Vater gebunden. Auf Bahnhöfen gilt: Bitte das Kind nur an die Person binden, die auch in den Zug steigen wird, nicht an die, die am Bahnsteig verbleiben wird. Ein Bahnsteig ist ein Ort, an dem absoluter Gehorsam gefordert ist. Ein weißer Strich auf dem Boden markiert die Todeszone, die keinesfalls überschritten werden darf. Um diese Regel niemals aufzuweichen, sollte man dem Kind beim Einsteigen die Augen zuhalten und auf die Frage, ob man zu diesem Zweck nicht DOCH die weiße Linie überquert habe, schweigen.

Schon beim Packen für die Zugreise gilt es einige Dinge zu beachten. Trauen Sie Ihrem Kind ruhig zu, dass es ein eigenes Gepäckstück mitnehmen kann. Und packen Sie nur das hinein, was Sie sowieso schon loswerden wollten, denn möglicherweise bleibt in der Aufregung genau der Koffer, der in der kindlichen Verantwortung stand, einsam am Bahnsteig zurück. Das bemerken Sie spätestens dann, wenn Sie in den Medien Bilder Ihres Spongebob-Koffers erkennen, der als verdächtiger Bombenbehälter den gesamten Bahnhof lahmlegte. Also sollten Sie wohl doch besser das Gepäck selbst schleppen und den Kindern nur das Nötigste in einen winzigen Rucksack stopfen, der an deren Schulterblättern festgetackert werden kann.

Machen Sie Ihr Kind frühzeitig mit den Zugtoiletten vertraut. Besonders auf kleine Kinder können die engen Räume mit den metallenen Schüsseln und diesem seltsam fauligen Geruch beängstigend wirken. Ich persönlich bevorzuge es, die Zugtoilette mit meinem Nachwuchs gemeinsam aufzusuchen. Dieses ohrenbetäubende »Schloooorps!«, wenn der Spülsaugknopf betätigt wurde, ist selbst mir nicht geheuer. Und ich bleibe sehr aufmerksam und in Bereitschaft, mein Kind an den Schnürsenkeln wieder aus dem winzigen Loch, das alles einsaugt, was ihm zu nahe kommt, herauszuziehen.

Aufmerksames Zugpersonal beschenkt kleine Reisende mit Deutsche-Bahn-Buntstiften, um nach allen Seiten hin Familienfreundlichkeit zu demonstrieren oder in der Hoffnung, dass das Kind, das seit zwanzig Minuten den Gang auf und ab hüpft, vielleicht plötzlich seine kreative Ader entdeckt und lieber doch still und konzentriert das Zirkusbild ausmalt.

Zugfahren mit Kindern ist ab mindestens einem Mal Umsteigen ein Heidenspaß, vor allem, wenn Ankunft des ersten Zuges und Abfahrt der Anschlussbahn recht zeitnah beieinander liegen. In solchen Situationen gilt Folgendes: Kind und Gepäck aus dem am Bahnsteig einfahrenden Zug werfen, hinterherspringen, Kind und Gepäck am Tragegriff packen und in hektischen Schritten zum erforderlichen Gleis tippeln. Dabei winkend auf sich aufmerksam machen, damit der Schaffner die Abfahrt möglicherweise noch um ein paar Sekunden hinauszögern kann. Mit einem gezielten Schubs und Wurf Kind und Gepäck in egal welchen Wagon befördern. Dann kurz aufatmen, bevor man das Kind, hierbei das Gepäck auf dem Kopf balancierend, durch die Wagons bis zum reservierten Platz bringt. Hinsetzen, Essen und Spielsachen ausbreiten und Fahrkarten bereithalten. Und hoffen, dass man den richtigen Zug erwischt hat.

EIN STÄNDER IST ZUM STEHEN DA!

Fahrradfahren gehört zu den wichtigsten Fortbewegungsmethoden eines Kindes. Aus seiner Sicht kommt es gleich hinter »Getragenwerden«.

Ein Kind lernt das Radfahren meist mit Papa oder bei Freunden. Die Mama darf später nur die Blessuren und das geschundene Selbstbewusstsein wieder zusammenflicken, weil »der Papa plötzlich losgelassen hat ...«.

Radfahren lernen ist kein Spaß. Außer für den Orthopäden, der den Rücken wieder einrenkt. Der Papa, der sattelfestkrallend in gebückter Haltung hinter einem Fahrrad herläuft, füllt auch heute noch die Taschen der Chiropraktiker und lässt die Osteopathen frohlocken; vor allem, seit Stützräder verpönt sind. Ich vermute ja, dass alle Rückenärzte in einer heimlichen Verschwörung das Stützrad für das Erlernen des Radfahrens als schädlich befunden haben. Früher hat man das Kind direkt aus der Gebärmutter auf das stützradgestützte Fahrrad gebunden und abgewartet, wie dehnbar so eine Nabelschnur ist. Heute muss ein Kind selbst entscheiden, wann es Radfahren lernen möchte. Das kann ganz schön mühsam werden, wenn das ältere Geschwisterkind schon längst schneller unterwegs ist, als die müden Beine der frischgebackenen Mutter den klapprigen Buggy hinterherschieben können.

Aber wenn es aus entwicklungstechnischer Sicht besser für das bewegungswütige Kind ist, lassen wir ihm die Zeit. Ist ja auch besser für uns. Jeder Monat, den das Kind ohne Schürfwunde oder blutendem Ellenbogen nach Hause kommt, ist ein guter Monat.

Wenn das motorisch begabte Kleinkind dann endlich ein paar Meter auf dem Fahrrad sitzen bleibt, kann man wunderschöne Radtouren unternehmen. Das bisschen »VORSICHT! Nicht so nah am Auto vorbei!« oder »Setz die Füße richtig aufs Pedal!« sind da noch die harmlosen kleinen Standardsprüche für jeden Ausflug. Gern genommen werden auch: »Guck mal Mama ... mit einer Hand!«, »Guck mal, Mama, mit ohne Hände!«, »Mupp mal, Mama, ohme Pfähne!«. Wer Jungs hat wie mein Exemplar, der verbringt die meiste Zeit an abschüssigen Straßen mit kreischendem »Brems! BREMSEN! BREEEMSÄÄÄN!!!«.

Ich finde, ein Kind, das Fahrrad fährt, sollte sich auch mit dessen Reparatur auskennen. Sattel höher oder niedriger stellen, Kette wieder aufziehen oder Reifenmantel über den Schlauch stülpen sind nur die Grundhandgriffe. Ihr Kind muss wissen, was an einem Fahrrad so alles dran ist und sein muss und welchen Zweck die einzelnen Teile erfüllen. Manches erschließt sich dem aufmerksamen Beobachter durch bloßes Zugucken und Nachahmen. Dynamo einschalten, immer zwei Finger an der Bremse und darauf achten, dass man beim Aufpumpen gut an das Ventil herankommt. Glauben Sie mir, ich kenne das Gefühl, wenn man dem Kind am liebsten entnervt das Fahrrad dekorativ um den Hals wickeln möchte, weil es zum vierten Male versucht, das Ventil hinter den drei Radaufhängungsstangen mit dem Pumpschlauch zu beglücken.

Ach und noch etwas: Fahrräder haben Ständer! Ist so. Sieht man deutlich. Die sind zum Benutzen da!

Gute Fahrt.

4. KAPITEL

WISSENSMANUFAKTUR

HOBBY

BILDUNG BILDET

Wenn's knallt, war's gut. In der Schule wurde ich beim Elternsprechtag gefragt, ob ich denn mit meinen Kindern zu Hause auch mal Experimente durchführe. Experimente? Dieses Wort ist doch nur eine beschönigende Umschreibung für totales Chaos. Experimente sind Zweckentfremdung alltäglicher Gebrauchsgegenstände zu höherem, bildungsorientiertem Nutzen, in der Literatur und im Internet wimmelt es von diesbezüglichen Ideen und Anregungen. Allerdings benötigt man dafür immer genau die Gegenstände, die aktuell nicht vorrätig sind. Oder haben Sie vielleicht mal eben Natroncarbonat in der Backschublade oder zufällig eine Glasflasche mit überdurchschnittlich großem Hals im Keller? Dennoch brauchen unsere Kinder Experimente, um die Welt, in der sie leben, ein bisschen besser zu verstehen. Warum ersticke ich schneller, wenn ich mich mit einer Flamme in einem geschlossenen Raum befinde? Warum habe ich trotz explosivem Auslassen von Blähungen keinen wahrnehmbaren Vortrieb? Und warum fühle ich mich in einer Wanne voller Olivenöl um so vieles leichter?

Los, nun gehen Sie schon mit den Kindern raus in den Wald und bauen Kleintierfallen, indem Sie ein Stück Obst in einem Glas in einem Bodenloch versenken und mit Zweigen zudecken. Am nächsten Tag ernten Sie dann allerlei Getier, das die Backen randvoll mit Bananenstückchen hat. Lecker. Oder begleiten Sie das Kind bei wilden Feuerexperimenten, während derer Sie mit einem Eimer Wasser und Verbrennungssalbe danebenstehen.

Was ich damit sagen will, ist: Manche Experimente lassen sich von Kindern nicht ohne Hilfe der Erwachsenen durchführen. Erwachsene sind eben schlauer, größer und geschickter als Kinder. So. Aber es gibt auch Experimente, die Kinder ohne Erwachsene bewerkstelligen können. Wenn sie denn das Lesen beherrschen. Einfache Experimente, zu denen man nicht viel benötigt. Ich habe allerdings die Erfahrung gemacht, dass Kinder ständige Ermunterung a là »Ach, guck mal, das ist ja interessant« brauchen, um auch wirklich die Faszination von Experimenten zu begreifen. Außerdem sollten ein gewisses Grundinteresse und die Neugier vorhanden sein, die Dinge um sich herum verstehen zu wollen. In der Pubertät werden Sie mit Experimenten keinen Blumentopf mehr gewinnen, denn erstens wissen Pubertierende sowieso alles besser als die »geistig zurückgebliebenen«, dummen Erwachsenen und zweitens liegt deren Experimentierfreudigkeit eher darin, welcher Pickelstift wirklich hilft und auf welcher Höhe die Hose noch am Hintern gehalten wird.

WISSENSSTOPFGANS

Ein Kind leidet unter unstillbarem Wissensdurst. Dieser sollte natürlich so gut es geht befriedigt werden. Aber welches Wissen benötigen Kinder nun tatsächlich? Ich würde mal sagen, das kommt darauf an, welche Erwartungen Sie an ihr späteres Leben hegen. Ein Kind nimmt sich das an Information, was es in den unterschiedlichen Entwicklungsphasen braucht. Und jetzt kommt's: Das können Sie steuern. Vorausgesetzt, Sie haben ein Interesse daran, dass Ihr Kind sich in eine erstrebenswerte Richtung entwickelt.

Die endgültige Entscheidung über sein Leben wird Einsteinpetit selbst treffen. Aber solange es in einem aufnahmefähigen Alter ist, sollten Sie ihm alle Türen öffnen. Zeigen Sie ihm so viel wie möglich. Erklären Sie ihm so viel, wie Sie selber wissen (Au weia!). Zerren Sie es zum Tag der offenen Tür der alten

Wassermühle und des Astronautencenters und lassen Sie es auf Kinderfesten kleine nutzlose Filzbälle herstellen. Stopfen Sie es mit dem gesammelten Wissen sämtlicher Museumsbesuche voll und schleppen Sie es ins Puppentheater. So ein Minigehirn kann eine ganze Menge vertragen. Nutzen Sie Freunde und Verwandte aus und lassen Sie die Kinder an deren Berufsleben teilhaben. Ein Besuch in einer Schreinerei kann endlich den alten Pumuckl-Klabauterspuk aus den Köpfen der verwirrten Kinder vertreiben, die immer wieder um die Ecke schielen, ob nicht eine Feile vom Tisch fällt oder ob der Meister Eder gleich die Treppe herunterkommt.

Eine Besichtigung der Schlachterei bringt neue Vegetarier hervor und bei einem Besuch an einem Filmset erkennen die Kinder meist schnell, dass der bunte flimmernde Kasten in ihrem Wohnzimmer eine reine Märchenmaschine ist und der Märchenerzähler der Programmchef.

Halten Sie Ihre Augen und Ohren offen, wo es Tage der offenen Tür gibt. Ein Rathausbesuch kann sehr interessant sein, wenn der Bürgermeister seinen Süßigkeitenschrank für die zukünftigen Wähler öffnet, und meistens gibt es neben einer Ladung Wissen immer auch ein paar Mitgebsel für Kinder. Ein Stück karierten Stoff aus der Kleiderfabrik, eine Tafel Schokolade vom Konditor, einen Audi A1 vom Werksrundgang in Ingolstadt.

SPIELWISSEN

Kinderspiele, die aus mehreren Teilen bestehen, sind ein Graus. Binnen kürzester Zeit fehlt etwas und das ganze Spiel funktioniert nicht mehr. Scheinbar lösen sich die Teile von selbst aus der Verpackung und begeben sich mit winzigen Füßchen auf Wanderschaft. Sie wandern in Sofaritzen, unter Schränke, in andere Zimmer, suchen sich Gesellschaft in anderen Spielen oder Kisten.

Kinder müssen lernen, dass ALLE Teile eines Spieles wichtig sind, damit es funktioniert. Sie sind zusammenzuhalten und nach Gebrauch in den Karton zurückzusperren, der anschließend fest zu verschließen ist. Fehlende Bestandteile können den Spaß an einem Spiel auf ein nicht mehr tragbares Maß reduzieren. Von persönlichen Wutanfällen über abhanden gekommene Puzzleteile will ich gar nicht anfangen zu referieren, das ist mir hier zu peinlich. Aber schon unvollständige Brettspiele oder Missing Links bei Lego-Raumschiffen sind kaum erträglich. Sehen Sie es positiv: Wenn Sie Glück haben, versteht Ihr Kind den Sinn von Gemeinschaft und dass jedes Individuum einen Teil zum großen Ganzen beiträgt. Und wenn Sie Pech haben, wird das »große Ganze« einfach frustriert in die Ecke gefeuert und sich zum nächsten Festtag etwas Neues mit noch viel mehr Teilen gewünscht.

Kinder, die spielen, lernen. Aber sie sollten auch lernen, dass sie eine Sache beenden müssen. Am besten lernen sie das, wenn sie schon von klein an ihren Spannungsbogen zu Ende spielen dürfen. Das bedeutet, dass ein Kind, das auf dem Boden robbend den Pinzettengriff übt, ein überschaubares Viertelstündchen lang versucht, winzige Krümel zwischen Daumen und Zeigefinger aufzunehmen. Oder dass es circa 15 Minuten lang seine Füße mit dem Mund untersucht (ich weiß nicht, ob man es dafür beneiden soll). Nur was macht man, wenn inmitten dieses Spannungsbogens das Geschwisterkind ganz schnell zum Ballett muss, zum Fußball oder zum Arzttermin? Kleinere Geschwister müssen einfach mal darauf verzichten, ihren Spannungsbogen zu Ende spielen zu dürfen. Sie werden immer mitgeschleift und lernen schnell, dass man eine Sache eben auch mal schleifen lassen kann.

Grundsätzlich gilt aber: Seien Sie Ihrem Kind ein gutes Vorbild! Bringen Sie Dinge zu Ende. Unterbrechen Sie nicht wegen jeden Unfalls mit Fleischwunde als Folge Ihre eben ausgeführte Tätigkeit. Putzen Sie zu Ende, auch wenn Ihnen der Schrei aus dem Kinderzimmer seltsam hysterisch vorkommt und eher nach einem Röcheln klingt. Immerhin, es röchelt ja noch.

LESEN, LIESTEST, GELEST

Kinder müssen lesen lernen und zwar so schnell wie möglich. Einkaufszettel müssen entziffert werden, Kochrezepte, Sicherheitstafeln, SMS von Mama, aber natürlich nicht die, die Mama von dem attraktiven neuen Postboten oder ihrer besten Freundin erhält, und natürlich die Zeitung und andere Informationsquellen. Auf diese Weise ersparen Sie sich viele Fragen.

Kinder müssen lesen lernen, um endlich den iPod bedienen zu können und damit sie sich für Stunden in ihr Zimmer zurückziehen und bis zum Abendessen nicht mehr gesehen werden. Und um beim Durchblättern des Fernsehprogrammhefts feststellen zu können, was sie alles verpassen, weil sie durch übermäßige Verwendung des iPods bereits den rationierten Medienkonsum der nächsten vierzig Jahre aufgebraucht haben.

Sie müssen, wie schon oben erklärt, die Beipackzettel von Medikamenten entziffern können, um eine routinierte Selbstmedikamentation in Abwesenheit der Eltern umzusetzen.

Auch um Straßen- und Städteschilder erkennen zu können, sollten Kinder lesen lernen; so wissen sie immer, wo sie ausgesetzt wurden.

Und letztendlich muss ein Kind lesen lernen, damit es die Briefe der Mutter aus dem Gefängnis erfassen kann, in denen steht: *Ich habe versucht, dir eine gute Mutter zu sein, aber die deutschen Gerichte finden, dass Stromhalsbänder zur Kindererziehung nicht zulässig sind.*

DIE BREMER STADTMUSIKANTEN

Ein Musikinstrument zu beherrschen, ist etwas Wunderbares: Sinnliche Melodeien erfreuen unser Herz, heben unsere Stimmung und ein weißer Flügel oder eine Stradivari, dekorativ im Wohnbereich postiert, sind nun mal ein Blickfang und lenken hervorragend von dem Jackenchaos am Eingang ab.

Alle Eltern wollen, dass ihre Kinder ein Instrument erlernen. Dafür gibt es unterschiedliche Beweggründe. Die einen haben gelesen, dass beim Spielen mit beiden Händen linke und rechte Gehirnhälfte verbunden werden, was zu einer höheren kognitiven Leistung führen kann. Oder die Eltern spielen selbst ein Instrument, womit sich meist Rückschlüsse auf einen grundsätzlich höheren kognitiven Standard führen lassen. Oder es gibt Eltern, die finden es schick, wenn ihr Kind ein Instrument kann. Oder das Kind ist so dermaßen unsportlich, dass es nur noch diese Möglichkeit hat, soziale Kontakte mit anderen zu pflegen. Und wenn es nur der mit dem Klavierlehrer ist.

Welches Instrument aber ist das richtige für meinen süßen, kleinen Amadeus? Kinder würden am liebsten alle paar Monate ein anderes Instrument spielen. Es gibt sogar Kurse, die genau darauf eingehen. Da wechselt jedes Kind nach ein paar Wochen das Instrument, um herauszufinden, mit welchem es sich am wohlsten fühlt. Finde ich gut. Aber wehe, es entscheidet sich dafür, sich mit Schlagzeug am wohlsten zu fühlen. Oder mit einer Geige. Ein Xylofon ist doch was Tolles! Oder eine Triangel! Oder eine Rassel!

Haben SIE sich endlich einmal im Namen Ihres Kindes für ein Instrument entschieden, steht Ihnen die große, weite Welt der engelsgleichen Klänge offen. Irgendwann. Denn bis dahin ist es ein weiter, steiniger Weg. Üben, üben, üben. Möglichst jeden Tag. Das kann wehtun. In den Ohren. Je nach Instrument.

Es gibt zwar elektronische Schlagzeuge oder Pianos, die auch mit Kopfhörern spielbar sind, aber dann fehlt irgendwie die elterliche Kontrolle. Außerdem stellen die kleinen Hardrocker die Lautstärke grundsätzlich so hoch ein, dass sie später den DJ in der Disco bitten müssen, die Musik lauter zu drehen, weil sie sich leider mit zwölf Jahren alle Klangstäbchen im Ohr versengt haben.

Fazit: Einem Kind sollte die Möglichkeit geboten werden, ein Instrument zu spielen. Wenn es diese nicht annimmt, ist das kein Beinbruch. Weisen Sie aber beiläufig darauf hin, dass die paarungsbereiten Mädchen in der sexuellen Findungsphase immer – und ich meine IMMER – den Jungen anschmachten, der am Lagerfeuer mit sanfter Stimme *Kumbaya* singt und sich dabei mit leisen, romantischen Klängen seiner Gitarre selbst begleitet, und dass ein großes Cello zwischen den Beinen einer virtuosen Musikerin auf Jungs eine seltsam angenehme Anziehungskraft ausüben kann.

5. KAPITEL

TECHNIK, DIE BEGEISTERT

COMPUTER, FERNSEHEN UND MEDIEN

EIN KNOPFDRUCK ZUM GROSSEN GLÜCK

Kinder lieben Technik. Sie lieben sie einfach. Ein Knopfdruck und die Welt verändert sich. Enthalten Sie also Ihren Kindern Technik nicht vor. Seinen Namen zu tanzen und Puppen aus Stroh und gesichtslosen Holzstumpen zu basteln, sind Tätigkeiten, die mit Sicherheit ihre pädagogische Berechtigung haben. Aber wenn die Kleinen erst einmal bei Freunden auf einem virtuellen fremden Planeten gefährliche Aliens abgeschossen und das ferngesteuerte Auto über selbstgebaute Schanzen haben fliegen lassen, beginnt der schleichende Prozess der Vertechnisierung des Kinderzimmers. Haben Sie bis dahin noch auf elektronisch gesteuerte Pinkelpuppen verzichtet und kleine batteriebetriebene Roboter aus dem Kinderzimmer verbannt, so kommen Sie nach dem ersten PC-Kurs im Kindergarten nicht mehr umhin, über den richtigen Umgang mit elektronischen Geräten nachzudenken. Kassettenrecorder sind passé und sich drehende Nachtlichter müssen illuminierten Discokugeln weichen. Und das ist schon okay.

Wenn es dann so weit ist, müssen Kinder lernen, mit dieser Technik selbstständig umzugehen. Grundsätzlich. Und möglichst bald. Haben Sie eine Ahnung, wie viel Zeit sie schon auf Batteriewechsel verschwendet haben? Wie viel Zeit Sie schon mit dem Studium von Bedienungsanleitungen verbracht haben? Begeistern Sie Ihr Kind dafür, Sie werden es nicht bereuen.

STROMKREISFETISCHISTEN

Seit der Erfindung von Computern ist unser Leben so viel einfacher geworden. Nein, nicht nur, weil man nun mit einem Mausklick die coolen High Heels bei Zalando ergattern oder sich in sozialen Netzwerken öffentlich über seine Erziehungsprobleme austauschen kann. Will man wirklich mal seine Ruhe, erlaubt man dem Kinde einfach gnädig, eine Weile auf der Tastatur herumzudrücken. Es gibt ja sooo viele schöne, pädagogisch wertvolle Computerspiele.

Ich persönlich verdamme den Einsatz von Computern als Babysitter und es ist auch wissenschaftlich erwiesen, dass kleine Kinder keinen Vorteil daraus ziehen, mit drei Jahren schon Pfannkuchen mit der Maus abschießen zu können. Aber es ist so schön ruhig, wenn das Kind hochkonzentriert damit beschäftigt ist, gegen einen virtuellen Gegner Memory zu spielen oder versucht, über Kamele zu hüpfen.

Ja, ich schäme mich dafür, dass ich meine Kinder am Computer spielen lasse. Und ich tue es trotzdem. Gelegentlich. Wenn ich meinen Cappuccino mal warm trinken möchte. Und, überlegen Sie mal: Wenn Sie es liebevoll anstellen und eine Affirmation zu Exceltabellen schaffen, wird das Kind große Freude daran entwickeln, letztendlich sogar Ihre Steuererklärung zu erledigen.

Spätestens in der Schule wird Ihr Computernerd sowieso unsensibel und ohne Vorwarnung darauf gestoßen, dass man mit dem PC auch sinnvolle Dinge machen kann. Beispielsweise »ins Internet gehen«. Mit dem Internet richtig umgehen zu können, bringt enorme Vorteile. Rasend schnell gelangt man als erfahrener User an Informationen, kann sich alles Mögliche bestellen und stellt Kontakte zu virtuellen Freunden her, die man noch nie gesehen hat.

Genauso vorteilhaft ist dieses Medium für Kinder. Sobald ein Kind gelernt hat, mit dem Internet richtig umzugehen, eröffnen sich ihm ganz neue Welten. Schluss mit der Fragerei, warum der Himmel blau ist, das Gras grün und ein Tausendfüßler beim Sambatanzen keine Knoten in seine Beine bekommt. Kinder können alles Wesentliche für ihr Weltwissen aus dem Internet ziehen. Dann bleiben uns Eltern auch die peinlichsten Fragen erspart. So wie ich neulich beantworten musste, warum die Frauen an der Straße so wenig Kleidung tragen, obwohl es doch so kalt ist, dass man auch nie mehr selbst seine Hausaufgaben machen muss, wenn man ausreichend vernetzt ist, oder sich Pizza zum Abendessen bestellen kann, wenn es zu Hause Rosenkohleintopf gibt.

Ein Tipp bei allzu spielsüchtigen Kindern: So ein Computer kann ganz leicht die Sommergrippe bekommen, wenn es draußen warm wird und Kinder mehr Zeit an der frischen Luft auf Fahrrädern und Inlinern verbringen sollen. Er ist dann einfach »kaputt« und funktioniert erst wieder, wenn die Tage länger werden und die Zeit IM Haus zur Geduldsprobe wird. Das funktioniert und behält seine Gültigkeit so lange, bis die Stromkreisfetischisten auf die Idee kommen, den Stecker wieder ans Stromnetz anzuschließen. Mist.

KONSOLE ADE

Die liebe Spielkonsole! Haben Sie mich gerade seufzen gehört? Ja, sie ist ein toller Zeitvertreib. Da Sie aber dieses Buch in Händen halten, kann ich guten Gewissens davon ausgehen, dass Sie lesen. Und somit für Ihre Kinder ein gutes Beispiel abgeben.

Konsolen sind aber auch Hexenwerk! Man sitzt davor, drückt ein wenig auf Knöpfen herum und schon ist der Tag vorbei. Nun gilt es, diesem Zeit- und IQ-Fresser einen Knüppel zwischen die Beine zu werfen. Schließlich sollen sich unsere Kinder mit binomischen Formeln und Descartes auseinandersetzen anstatt mit Mario Kart.

Es gibt eine einfache Methode, die Ihnen viel Spaß machen wird, um in Ihren Kindern für immer eine negative Einstellung zu Konsolenspielen zu bewirken. Achtung, hier kommt's: SEIEN SIE BESSER. Wenn die Kinder abends schlafen gehen, üben Sie, was das Zeug hält. Jagen Sie Mario bis zur Perfektion über die Piste, kämpfen Sie gegen Gargamel oder finden Sie alle Verstecke der niedlichen Protagonistin Suzy in *Die verlorene Stadt*. Wenn Ihr Kind dann eines Tages sabbernd und lechzend um die Erlaubnis winselt, an der Konsole spielen zu dürfen, ist Ihre große Stunde gekommen. Beginnen SIE. Nach dem ersten Level, das Sie fast blind durchlaufen sind, lassen Sie Ihr Kind an den Controller. Nachdem es schon nach dreißig Sekunden die ersten drei virtuellen Tode gestorben ist, wird es Ihnen den Controller zurückgeben, verstanden haben, wie klein und unwissend es ist, hinausrennen und wieder Gänseblümchen pflücken.

SCHGUGGE NET VIEL FÄNNSEEH!

Das Fernsehen erfüllt für das heranwachsende Kind viele Aufgaben. Als Baby schon lernt es, dass dieses Flimmern auf dem flachen Viereck einen adäquaten Ersatz für Mutterliebe darstellt. Zumindest lenkt es hervorragend ab. Etwas später dann, als Kleinkind, macht es Bekanntschaft mit zweidimensionalen, bunten Wesen, die mit ihm in einer schillernden Welt Abenteuer erleben. Noch ein paar Jahre später erfährt es dann, was die erste Liebe ist – über Mike und Christine in einer amerikanischen Highschool. Lange bevor der Jugendliche eigene Erfahrungen sammeln wird, wächst er in dem Glauben auf, dass Vampire unter uns leben und dass Küsse trotz aktiver Beteiligung der Zunge anscheinend immer trocken sind.

Das Fernsehen als Druckmittel einzusetzen, verurteile ich natürlich auch zutiefst. Wie kann man nur? Ein Fernsehverbot erhebt das Fernsehen auf einen Sockel des Begehrens. Wenn Mama das verbietet, ist es im Umkehrschluss also eine Belohnung, wenn ich es darf. Aber wie Sie das mit dem Fernsehen und Ihren kleinen Kindern handhaben, ist mir eigentlich egal. Jeder, der freiwillig ein Buch in die Hand nimmt (so wie SIE jetzt gerade), weiß auch, dass zu viel und nicht kindgerechter Fernsehkonsum falsch ist, die Kinder unbeweglich und fett werden lässt und zudem mitunter den IQ herabsetzt.

Ich kann Ihnen also nicht viel mehr darüber erzählen als das, was Sie ohnehin schon wissen. Aber wir können zusammen einen Schritt weiter gehen. Sofern Sie den Anspruch haben, dass Ihr Kind sich zu einer eigenständigen Persönlichkeit entwickelt, es lernt, sich selbest eine Meinung zu bilden, sich von dumpfen, passiven TV-Konsumenten abheben soll, nehmen Sie sich die Zeit, den Kindern einmal die große, weite Welt des Fernsehens zu erklären. Erklären Sie ihnen, dass sie nur Ausschnitte sehen von dem, was irgendein Mensch (auch genannt Regisseur oder Redakteur) MÖCHTE, dass sie es sehen. Alles andere, was sich daneben abspielt, bleibt verborgen. Das ist bei fiktionalen Geschichten genauso wie bei Realityformaten oder Shows.

Sehen Sie sich gezielt Making-of-Berichte an, damit Ihre Kinder erkennen, dass bemannte, schwarze Kästen, mit Puderquaste bewaffnetes Fachpersonal und einer, der immer »Und Bitte!« und »Danke aus!« sagt, den Film erst zum Film machen. Bei Reality-Shows ist es wichtig, die Kinder dahingehend zu sensibilisieren, was gescriptet, also vorgegeben, ist und was echt. Und selbst bei »echten« Geschichten steckt eine Idee dahinter, ein Konzept. Wenn Kinder das wissen und vermehrt darauf achten, besteht eine gute Chance, dass sie die Sendungen mit mehr Abstand konsumieren. Glücklicherweise sind viele der Laiendarsteller auf unserer Seite. Sie sprechen Texte so, dass wir Zuschauer ob der mangelnden Emotion leicht irritiert sind und die Sendung automatisch als »gescriptet« entlarven können.

Falls Sie aber ganz sichergehen wollen, schnappen Sie sich das nächste Videoaufzeichnungsgerät und drehen Sie eine kleine Sequenz oder einen Film oder ein vierstündiges Epos mit Ihren Kindern als Kameramann, Regisseur und Schauspieler. Oder spielen Sie in Ermangelung eines solchen Gerätes eine Szene, die alle kennen, als Theaterstück nach. Das eröffnet einen ungemein greifbaren Zugang zum Phänomen »vorgespielte Realität«.

Seien Sie aber darauf gefasst, dass Ihre Kinder Freude daran entwickeln und von nun an immer und überall eine Rolle einnehmen. Da kann es schon mal zu Irritationen in der Öffentlichkeit führen, wenn ein Kind sich plötzlich so in seine Rolle einfühlt, dass es wie wild in der Gegend herumhüpft und versucht, Pferde in die Luft zu stemmen, oder auf Dächer klettert um dort Fleischklopse zu essen.

HANDYNUMMER FÜR DEN NOTFALL VERGESSEN

Ich entziehe mich der Diskussion, ob und ab welchem Alter Kinder Handys besitzen sollten, nachdem ich schon Vierjährige im Restaurant mit dem iPhone ihrer Mutter habe spielen sehen, damit diese mal in Ruhe aufessen kann. Versteh ich nur zu gut.

Wenn Kinder Handys besitzen, sollten sie auch damit umzugehen wissen. Das heißt, bei jeder spontanen Planänderung SMS verschicken zu können, für einen vollen Akku selber Sorge zu tragen und es immer und überall wegen ständiger Erreichbarkeit infolge elterlichen Kontrollwahns an sich kleben zu haben. Das ist der Preis. Und selbstverständlich, aber das kommt mit dem vermehrten Zusammensein mit älteren Kindern von selbst, sollten Heranwachsende die Löschtaste, die die peinliche *Hab dich lieb, mein Schatz*-SMS mit dem Absender Mama verschwinden lässt, in ihrer favorisierten Tastenkombination gespeichert haben.

Ein Handy ihr Eigen nennen zu dürfen, ist für Kinder ein Ritterschlag und ein Vertrauensbeweis der Eltern. Eine voll aufgeladene Prepaidkarte auf Kosten der Eltern dagegen Idiotie.

Vorsicht beim Vererben des eigenen Handys: Manche Nummern halten sich hartnäckig in irgendeiner Speicherecke und schon verfügt das Kind über sämtliche Daten von einfühlsamen Postboten und gutgebauten Klempnern, deren Geheimhaltung bisher das elterliche Eheleben geschützt haben.

Manche Kinder besitzen jedoch noch KEIN Handy. Dabei handelt es sich um Kinder im Alter von null bis vier Jahren. Sollte ein handyloses Kind mal allein zu Hause sein, sei es, weil die Eltern es in der Hektik einfach vergessen haben oder weil sie es vergessen wollten, müssen sie die Handynummer ihrer Eltern auswendig kennen. Nur, damit sie sie anrufen können, falls das Haus brennt, ein Wasserschaden aufgetaucht ist oder ein ungeschicktes Geschwisterkind mit Messer und fehlenden Fingern das ganze Wohnzimmer vollblutet.

Wichtig ist auch, dass die Kinder die Handynummer ihrer Eltern wissen, falls sie entführt werden. Obwohl, warten Sie … Nein, in diesem Fall sollten sie sie vergessen. Wegen des Lösegeldes. Für den Fall einer Entführung bietet es sich an, den Kindern beizubringen, die Augen mit Tränen zu füllen und traurig und leise zu sagen: »Ich habe gar keine Eltern.«

WER WILL DAS SCHON SEHEN!

Ein Fotoapparat ist eine tolle Erfindung: Man drückt auf ein Knöpfchen und Momente sind für die Ewigkeit konserviert. Das erste Lächeln, die erste Wurst nach Umstellung auf feste Nahrung, der erste Geburtstag und alle 365 Tage bis dahin, alles in mehrfacher Ausführung und aus jeder erdenklichen Perspektive. Der erste Kindergartentag, der erste Schultag, Ausflüge, Schwimmabzeichen. Kinder schlafend, lachend, essend, schreiend. Kinder, die Fahrrad fahren, Kinder in Bergen von Geburtstagsgeschenken, Kinder unter Weihnachtsbäumen, Kinder bei der Schulaufführung und bestenfalls Kinder beim Schulabschluss.

Eines jedoch fehlt auf den meisten Fotos: die Eltern. Eltern drücken wie wild auf das Knöpfchen, um jede Regung, jede Situation, jedes Ereignis im Leben ihrer menschgewordenen Gene festzuhalten. Kinder werden älter, entwickeln sich. Eltern eigentlich auch, aber das bekommt keiner mehr mit. Sie entwickeln sich mit dem Heranwachsen ihrer Kinder, sie bekommen Falten und graue Haare, gehen in die Breite, bekommen Bäuche oder werden kleiner und gebückter.

Meine Mutter würde sagen: »Das will doch keiner sehen.« Ich bin da anderer Meinung. Auch wenn Paare Eltern werden, haben sie ein Recht auf das eigene Abbild. Klar sehen sie nicht mehr so glatt und unverbraucht aus wie VOR dem Elternwerden. Selten gibt es noch Fotos, auf denen sie nachts mit Bierflasche auf Spielplatzschaukeln sitzend versuchen, nüchtern auszusehen. Aber nur weil sie Eltern sind, heißt das nicht, dass sie nicht mehr existieren.

Um das Familienalbum wieder seinem Namen gerecht werden zu lassen, sollten Kinder früh lernen, auch einmal auf das Knöpfchen zu drücken. Selbst wenn es dann nur Fotos von

Mama gibt, auf denen sie Brote schmiert, einen Staubsauger schwingt oder die Schuhe wieder ordentlich hinstellt. Oder von Papa, der am Frühstückstisch Zeitung liest, den Rasen mäht oder die Koffer in den Wagen hievt. Sie sind dennoch da, die Eltern. Und sie haben noch zu Zeiten der Analogfotografie gelernt, dass man lächelt und strahlt, wenn es im schwarzen Kästchen klickt. Sobald also Ihre Kinder gelernt haben, mit einem Fotoapparat umzugehen, werden Sie wieder Bilder von sich im Familienalbum finden, auf denen Sie lächeln und strahlen und alles ein bisschen fröhlicher aussieht, als es sich angefühlt hat.

6. KAPITEL

BILLIGE HAUSHALTSHILFE

ORDNUNG UND HAUSHALT

HAUSHALTSHILFE

Der Haushalt. Unendliche Weiten. Ein perfektes Trainingsterritorium für angehende Höhlenbewohner.

Der Haushalt ist das größte und vielfältigste Gebiet, in dem das Kind zu einem tüchtigen, verantwortungsbewussten Mitglied der in Häusern lebenden Kulturen herangezogen werden kann. Schon von klein auf sollte es zur Mithilfe angehalten werden. Sie werden die Früchte ihrer Arbeit zwar nicht sofort ernten können, aber die zukünftige Ehefrau Ihres Sohnes oder der Ehemann Ihrer Tochter werden Sie als beste Schwiegereltern lobpreisen und Ihnen an jedem dritten Sonntag im Monat Selbstgebackenes vorbeibringen.

Welche Dinge Sie beachten müssen, werde ich hier im Einzelnen schildern.

WENN REHE INS ESSZIMMER KACKEN

Zuallererst ist zu klären, WAS Müll ist. Das ist nämlich eine philosophische Frage. Vor allem für Kinder. Grundsätzlich sollten Sie Ihren Kleinen von Anfang an begreiflich machen, dass es Dinge gibt, die nach Gebrauch aus der Wohnung entfernt werden müssen. Das beginnt mit vollen Windeln und hört viel, viel später auf mit leeren Pizzaschachteln.

Verwenden Sie bitte ausreichend Zeit darauf, Ihrem Kind die Funktion eines Mülleimers zu verdeutlichen. Er bewahrt die Wohnung davor, innerhalb kürzester Zeit allerlei Getier zu beherbergen oder gar in Berichterstattungen über »Messies unserer Zeit« einen Platz in der Hauptsendezeit zu bekommen.

Ich erzählte meinen Kindern folgende kleine, farbenfrohe Geschichte: Wenn die Kinder Essensreste liegen lassen, kommen kleine Insekten von draußen und fressen diese. Das sehen dann die größeren Insekten und fressen die kleineren. Danach kommen Nagetiere und fressen die größeren Insekten und die Nagetiere werden von wiederum größeren Tieren vertilgt. So ist bald die ganze Wohnung voller stinkender Outdoorlebewesen und deren Ausscheidungen. Sie werden merken: Kinder glauben das. Und sie sind froh, dass es Mama gibt, die immer alles wegräumt, bevor Rehe ins Esszimmer kacken.

Schließlich gibt es noch den anorganischen Müll, der nicht einfach aufgefressen werden kann: Süßigkeitenverpackungen, Papierschnipsel oder Bastelreste. Bei wiederholtem Liegenlassen von Verpackungen wird am besten ein Süßigkeitenstopp verhängt. Der kann je nach Fettleibigkeit des Kindes auf eine entsprechende diätetisch sinnvolle Dauer ausgeweitet werden. Beim Liegenlassen von Bastel-, Mal- oder andern Resten auf dem Tisch wird dieser einfach nicht für das Essen gedeckt. Logisch. Und essen muss man ja. Wenn das alles nicht hilft und das Abräumen bis zu einem bestimmten Zeitpunkt immer noch nicht erledigt ist, greift Mama zum letzten Rettungshalm und droht, selber aufzuräumen und selber zu entscheiden, was Müll ist und was nicht. Und glauben Sie mir: DAS will KEIN Kind.

Noch ein wichtiger Hinweis: Zeigen Sie Ihrem Kind, dass ein Mülleimer ein lebloser Plastik oder Metallbehälter ist, und weisen Sie es mit Nachdruck darauf hin, dass dieser KEINE Beine hat. Er muss also von Menschenhand geleert werden, wenn er voll ist. Und »voll« bedeutet nicht, dass die fassbare Kapazität willkürlich auf das Doppelte erhöht werden kann, wenn man nur genug stopft und hofft, dass jemand anders das gute Stück nach draußen schleppt.

Eine der schwierigsten Herausforderungen stellt das Phänomen der Mülltrennung dar. In den meisten Gegenden Deutschlands werden Abfälle nach Materialbeschaffenheit beziehungsweise Recyclingmöglichkeit getrennt und in verschiedenen Tonnen gesammelt. Sobald das Kind den Unterschied zwischen Papier, Kunststoff und organischen Abfällen kennt, können Sie es auf die vielfältigen Entsorgungswege hinweisen. Beginnen Sie frühzeitig, Materialspielchen mit Ihrem Kind zu üben, lassen Sie es tasten, fühlen, riechen, knicken, schneiden – lassen Sie Ihr Kind alles tun, was ihm das Gefühl und die Kenntnis der Beschaffenheit einer Sache näher bringt.

Am Ende werden Sie allerdings feststellen, dass das alles rein gar nichts bringt, und Sie müssen leider in eine Gegend ziehen, in der es noch keine Mülltrennung gibt.

MATERIAL ZUR FALSCHEN ZEIT AM FALSCHEN ORT

Kinder müssen lernen, was »Dreck« ist. Dreck wird vor allem als das Material verstanden, das sich zur falschen Zeit am falschen Ort befindet. Also Erde, die an Schuhen klebt und in die Wohnung getragen wird, Schokoladencreme, die auf Autorücksitzen dunkelbraun schimmert, oder ein Kaugummi im überschulterlangen Haar.

Aber deswegen dürfen wir den Kindern das Spielen im Modder noch lange nicht verbieten. Es ist wichtig für deren Entwicklung, auch wenn sie abends aus einer zentimeterdicken Kruste Schlamm herausgeklopft werden müssen. Das Kind sollte sowieso mit allem spielen, was ungefährlich und ungiftig ist. Wasserfarbe, Kreide, Schneckenschleim – alles darf sich in den Kreativverbindungen im Gehirn Ihres Kindes breitmachen und der wertvollen Vernetzung der linken, rechten, oberen und unteren, kleinen und großen Gehirnhälfte zuträglich sein. Eine liebreizende Straßenkreidemalerei ist etwas so Wundervolles. Das Beste daran ist, dass die übergroße Arbeitsfläche beim ersten Regen wieder rückstandslos gereinigt wird und Platz für neue kreative Ergüsse gibt.

Aber irgendwann wollen Kinder wieder ins Haus, meist von den Schuhen bis unter die Achseln mit buntem Kreidepulver bestaubt. An dieser Stelle MÜSSEN Sie einschreiten. Wenn Sie jetzt nicht dafür sorgen, dass der kleine Künstler sich noch in der Tür bis auf die Unterhose entkleidet, werden Sie seine Spur bis zum Abfallen des letzten Krümels Kreide verfolgen können. Türgriff und Tür. Patsch, Patsch. Dann weiter zur Kühlschranktür. Mehrere Schubladengriffe deuten darauf hin, dass das Kind entweder nicht wusste, wo sich die Gläser befinden, oder sich nur nicht entscheiden konnte, ob es aus einer Gabel oder einem Becher trinken soll.

Die nächsten Spuren prangen meist in unmittelbarer Nähe einer gepolsterten Sitzgelegenheit. Am Ende Ihrer Spurensuche finden Sie dann das arme, unwissende Kind, das noch nicht gelernt hat, dass fast alles, was auf der Straße noch schön war, an Küchenschränken und Mobiliar im weitesten Sinne als »unerwünschter DRECK« bezeichnet werden kann.

Nach einem Waldspaziergang werden sofort die Schuhe ausgezogen (selbst, wenn das sonst nicht üblich ist), denn was Wald ist, soll auch Wald bleiben, fühlt sich aber durchaus in den groben Ritzen des Trekking-Schuhprofils wohl. Das Schuhverbot in der Wohnung wird aber seltsamerweise durch das Was-vergessen-und-noch-mal-schnell-holen-Gesetz außer Kraft gesetzt. Bei jedem Schritt löst sich genau die Menge an trockenem Waldboden aus dem Profil, dass sie gut sichtbar ist, aber dennoch so viel an der Sohle kleben bleibt, um auch noch beim nächsten Schritt Spuren zu hinterlassen. Und beim nächsten und übernächsten.

Dreck ist gesund, das weiß jedes Kind. Und genau diese interessiert es nicht, was Dreck ist oder was es nicht ist. Kinder bekommen von Eltern beigebracht, beim ersten Fleck hysterisch mit den Armen zu wedeln und ihn unter fließendem Wasser auszuwaschen, »solange er noch frisch ist«. Mir persönlich kommt die Tatsache, dass Dreck gesund ist, sehr gelegen, denn ich werfe mich auch gern mal in den Matsch, um einen Ball aufzufangen und so zu verhindern, dass die gegnerische Mannschaft ein Tor schießt.

Meine Kinder haben Räuberhosen, die sie anziehen, wenn wir in den Wald gehen oder auf den Spielplatz. Da macht es nichts, wenn die schmutzig werden oder gar reißen. Für alle anderen Gelegenheiten besitzen sie noch eine andere Hose.

DAS LEBEN IN DER ANDEREN HÄLFTE DER ORDNUNG

Mein Lieblingsthema und das hunderttausend anderer Mütter: das Aufräumen. Kaum ein Kleidungsstück oder Spielzeug wird an seinen Platz gebracht ohne ein begleitendes »Kannst du nicht mal dein Zeug wegräumen« oder »Bin ich denn hier der Depp?«, alternativ »Ich bin doch nicht dein Sklave«. Und da kam mir eine Idee: einen Tag mal aufräumen, ohne ein Wort des Bedauerns oder des Unmutes zu äußern, und mich dann einfach über die saubere Wohnung zu freuen. Schöne Idee. Machen wir nicht mehr. Denn das Haltbarkeitsdatum des Ergebnisses ist, wie wir alle wissen, auf maximal einen Tag beschränkt, definitiv zu kurz für ein Hochgefühl. Wichtig: Kinder müssen lernen, wo die Dinge ihrer eigenen Belange liegen. Eltern wissen natürlich, wo sich alles befindet. Nur zu genau. Doch dieses Wissen sollten sie ihren Kindern vorenthalten und jede Frage nach »Mama, wo ist mein …« mit einem hilflosen Achselzucken beantworten. Nach einigen Jahren wird das Kind sich darauf einstellen, seine Sachen an Orte zu legen, die es sich merken kann. Im Zweifelsfall verstreut es all seinen Besitz strategisch und gut sichtbar in seinem Jugendzimmer auf dem Fußboden, versteckt sie unter dem Bett und auf oder unter dem Schreibtisch. Bis dahin lassen Sie es sich ruhig im verzweifelten Suchen üben. Wissen Sie, wie lange ein suchendes Kind beschäftigt ist? Oft sogar lange genug für einen ganzen Cappuccino.

Um das visuelle Gedächtnis zu schulen und sich besser merken zu können, wo sich was befindet, könnte man ja mal Memory spielen. Stundenlang und immer wieder. Aufgeräumt wird dadurch nicht besser und ihre vermissten Dinge finden die Kinder auch nicht schneller, aber die ganze Familie war mal wieder beisammen und hat gemeinsam etwas unternommen. Schön.

Für die Unterbringung von selbstgebastelten Geschenken empfiehlt es sich, spezielle Kartons bereitzustellen. Zur Entsorgung.

Im Badezimmer gilt es, schon in allerjüngsten Jahren die richtigen Verhaltensweisen anzutrainieren. Informationen über das »Hinsetzen beim Pinkeln« werden Sie in diesem Buch verzweifelt suchen müssen, denn ich referiere nicht über Selbstverständlichkeiten. Stattdessen geht es um die essenziellen Dinge, die jeder begreifen sollte. Jungs müssen lernen, dass es für Angehörige ihres Geschlechts zweckfrei ist, den Zahnpastadeckel wieder auf die Tube zu schrauben, und Mädchen müssen lernen, dass man in Gesellschaft mehr Spaß beim Händewaschen und Haarebürsten hat als allein; und dass man zum Duschen, Anziehen, Zähneputzen locker mal eine Stunde brauchen darf. Nur so ist eine florierende Wirtschaft auch in Zukunft gewährleistet, in der Ehetherapeuten fette Terminkalender haben und Buchregale voll sind von Partnerschaftskrisenhelfern. All das muss aber nicht sein. Lenken Sie die Aufmerksamkeit der Kinder auf die wichtigen Dinge im Leben: Socken sortieren. Man kann anfangs noch ein Spiel daraus machen, indem man die »einsamen Sockenherzen« zueinanderfinden lässt. Später sollte ein Pfiff oder eine konditionierte Aufforderung genügen.

DURCHBLICK

Müssten Sie eigentlich mal wieder Fenster putzen? Und hassen Sie diese Tätigkeit genauso wie ich? Dann hab ich einen guten Tipp: Erlauben Sie den Kindern, dass sie einmal so richtig schön mit Fingerfarbe malen dürfen, VORAUSGESETZT, sie versprechen Ihnen beim Leben ihres Kuscheltieres, dass sie nachher alles wieder sauber machen. Machen Sie anschließend – ganz wichtig! – Fotos davon, damit die Kinder nicht denken, dass alles umsonst war, wenn sie wenig später alles wieder sauber putzen. Und zwar picobello.

Sie haben jetzt saubere Fenster, der Müll ist draußen, das Kinderzimmer aufgeräumt? Ich denke, Sie sind nun so weit, dass Sie in das nächste Level aufsteigen können: Staubsaugen. Achten Sie dabei besonders darauf, dass alle – ich wiederhole: ALLE – wertvollen Gegenstände im Raum verschwunden sind, EGAL, welches Alter Ihr Kind hat. Erklären Sie ihm mit einfachen Worten die hochkomplizierte Funktionsweise des Staubsaugers: Stecker rein (bei unter Dreijährigen muss das vom Lehrkörper gemacht werden), einschalten, auf den Boden halten und den Staubsaugerkopf über den Boden schieben. Verstreuen Sie zu Übungszwecken Styroporkügelchen und gewähren Sie dem Kind somit ein sensationelles, einprägsames Erfolgserlebnis.

Positive Erlebnisse fördern die Freude an der auszuführenden Tätigkeit und begründen auch im späteren Leben eine positive Erinnerung daran. Loben Sie das Kind nach erfolgreich durchgeführter Reinigung und freuen Sie sich auf die kommenden Monate, in denen Ihr Nachwuchs selbstständig zum Staubsauger greift und Sie dem angenehmen Geräusch des brüllenden Haushaltsgerätes lauschen können, während Sie mit hochgelegten Füßen Ihren Kaffee auf dem Sofa schlürfen.

Lektion zwei umfasst die Entleerung des Staubsaugerbeutels. Je nach Modell kann dies mehrere Stunden fröhliche Bastelei beinhalten, inklusive der Nachreinigung des beschmutzten Bodens NACH der Entleerung oder dem Austausch des Beutels. Aber vertrauen Sie auf die schnelle Auffassungsgabe Ihres Kindes und bekräftigen Sie das Erfolgserlebnis, wenn es ein versehentlich aufgesaugtes Spielzeug oder Puzzleteil selbstständig wieder zum Vorschein gebracht hat. Suggerieren Sie ihm, dass das Staubsaugen ein Privileg ist und nicht eine unentbehrliche Tätigkeit. Das notwendige Nachsaugen verschieben Sie auf einen späteren Zeitpunkt.

Sie haben keine Lust, immer der Depp zu sein, der die Spülmaschine aus- und einräumt? Das zu ändern ist wohl kinderleicht. Warum befindet sich die Spülmaschine wohl auf einer für Kinder gut erreichbaren Höhe, hm? Spülmaschine ausräumen ist wirklich prädestiniert für die Einbringung kindgerechter Mithilfe im Haushalt. Sie müssen natürlich ihre eigenen, perfektionistischen Ansprüche zurückschrauben, was die korrekte und effizienteste Unterbringung von Geschirr auf den verschiedenen Gittern betrifft. Aber dass man die Tassen mit der Öffnung nach unten einstellt, wird jedem Kind schnell in Fleisch und Blut übergehen, wenn Sie es jeweils den Inhalt einer falsch eingeräumten Tasse haben trinken lassen.

Beim Ausräumen ist zu beachten, dass das Geschirr seinen angestammten Platz in erreichbarer Höhe für Kinderhände in

Schubladen oder Schränken hat. Verzichten Sie auf gut gemeinte Ratschläge, dass schwere Gegenstände wie Töpfe oder Pfannen nicht in die oberen Schränke geräumt werden sollen, weil sie beim Herausnehmen herunterfallen könnten. Das bisschen Schädelbruch steht in keinem Verhältnis zu den Freuden einer von Kinderhänden ausgeräumten Spülmaschine.

BESEN, SEI'S GEWESEN …

Besen sind nicht zum Fliegen und Kehrbleche nicht zum Musikmachen gedacht, sondern sie tragen – wie auch die Bedienung des Staubsaugers – zur Einhaltung des häuslichen Friedens bei. Ein Besen ist ein borstiges Ding, das den abgefallenen Schmutz der Schuhe und Stiefel durch eine elegante Seitwärtsbewegung auf eine Schaufel befördern kann. Anfangs schnipsen die Dreckklumpen natürlich noch über das Kehrblech hinweg, aber mit ein wenig Übung gelingt die richtige Handhabung bald fließend. Besen und Kehrschaufel sind für Kinderhände wie geschaffen und sollten in erreichbarer Höhe für die Kleinen aufbewahrt werden.

»Dass zum Zwecke Wasser fließe …« Um bei Goethes Zauberlehrling zu bleiben, der erst mal eine Überschwemmung anrichtet, um sie dann nicht mehr in den Griff zu bekommen: Dieser Zauberlehrling muss ein Kind gewesen sein. Das Verschütten von Flüssigkeiten bleibt in jedem Haushalt mit Kindern so lange erhalten, wie die Kinder mit Flüssigkeiten in Kontakt kommen. Das ist so. Jetzt gilt es nur, den Kleinen zu vermitteln, dass es in ihrer Verantwortung liegt, den ursprünglichen, trockenen Zustand des Tisches oder Bodens wiederherzustellen. Kleinen Kindern kann man nach dem Malheur die Hände mit saugfähigen Tüchern umwickeln und sie über die

Pfütze ziehen. Später können Sie Ihrem Kind zumuten, selbst einen Lappen in der Hand zu halten und die Pfütze nach allen Richtungen zu verteilen. Nachdem ein Glas umgefallen ist, fallen die meisten Kinder in Schockstarre und glotzen bewegungsunfähig auf die sich immer weiter ausbreitende Lache. Fasziniert wird beobachtet, wie sich die Flüssigkeit über den Tisch einen Weg Richtung Kante bahnt, um dann auf dem Boden in einem feinen Rinnsal und unaufhaltsam in Richtung Teppich zu fließen – immer noch unter den bewundernden Blicken des regungslosen Verursachers. Es erfordert viel Geduld und Ausdauer, dem Nachwuchs eine angepasste Reaktionsschnelligkeit anzutrainieren. Saugfähige Tücher in Griffweite sehen zwar in einem Schöner-Wohnen-Esszimmer nicht dekorativ aus, stellen aber ein unabdingbares Hilfsmittel dar.

Sollten Sie das Problem des Aufwischens tatsächlich perfektioniert haben, wenden Sie sich als Nächstes dem Entsorgen des nassen Tüchleins in den Mülleimer oder dem Wiederaufbereiten des Spültuchs bzw. -schwamms zu. Denn nasse Küchentücherklumpen sind auf einem Tisch noch unattraktiver als trockene. Vielleicht finden Sie das jetzt ein wenig befremdlich und übertrieben, auf diese Kleinigkeiten hinzuweisen, aber Sie werden bei der nächsten Überschwemmung an mich denken.

Ein Generaltipp: Verzichten Sie auf das Darreichen von Apfelschorle, Saft und anderen klebrigen Flüssigkeiten. Die ersten sechs Jahre kommen Kinder sehr gut mit Wasser zurecht.

SIE WRINGEN DEN GANZEN TAG

Gefüllte Kleiderschränke sind für Kinder reine Magie. Immer ist alles schön sauber und ordentlich zusammengelegt. Oh, während ich dies schreibe, fällt mir ein: Ich muss ja noch eine Ladung Wäsche machen.

Eines schönen Tages hatte ich keine Lust mehr auf »eine Ladung Wäsche machen«. Nein, ich gehöre nicht zu den waschaffinen Hausfrauen, die sich über saubere Kleidung so sehr freuen, dass sie pfeifend und trällernd in den Waschraum tänzeln, um sich der Säuberung zu widmen. Ich ging eher dreimal am Tag an dem überquellenden Schmutzwäschekorb vorbei, an dem mir die T-Shirts schon entgegenschrien: »SORTIERE MICH!« Dabei ärgerte ich mich, dass das noch niemand (ich) erledigt hatte. Und bei jedem neuen Teil, das den schon schwankenden Turm wachsen ließ, dachte ich, dass das doch mal jemand (ich) machen müsste. Ganz nebenbei war ich bei jeder dazukommenden dreckigen Socke davon fasziniert, wie hoch sich so ein Turm stapeln lässt.

Jedenfalls schnappte ich mir meinen sechsjährigen Sohn … Gut, ich gebe zu, das sind zwei Hemmschuhe in einem: das Alter UND das Geschlecht. Aber wenn man die richtigen Anker im Gehirn eines Kindes einpflanzt, kann man die Früchte seiner Investitionen irgendwann wirklich ernten. Ich zeigte ihm, wie man Wäsche sortiert. Das ging gut, das konnte er. Dann ließ ich ihn mit dem Kopf eine Nacht auf der Bedienungsanleitung der Waschmaschine schlafen. Das ging gut, schlafen kann er.

Und so funktioniert es: Wäsche sortieren, loben! Waschmaschine beladen, loben! Mit Waschmittel füllen, loben! Einschalten, loben! Dann setzte ich mich mit ihm vor das Gerät, wir kuschelten uns aneinander und guckten den rotierenden Wäschestücken in der Trommel zu. Das war herrlich. Positiver Anker gesetzt. Auch bei mir. Schön.

Ein paar Tage später ließ ich ihn selbst die Wäsche sortieren. Und eine Ladung waschen. Kinder schaffen das. Ich störte ihn auch nicht dabei, denn er sollte das Erfolgserlebnis ganz für sich allein beanspruchen können. Konnte er auch. Seine Rot-Grün-Schwäche war ja nicht seine Schuld.

LANGES FÄDCHEN, FAULES MÄDCHEN

Schon wieder ein Knopf ab? Und Sie haben überhaupt keine Lust, ihn anzunähen, weil das so kinderleicht und deshalb unter Ihrer Würde ist? Nutzen Sie den Nachahmungsdrang des Kindes, nähen Sie ihm etwas vor. Und machen Sie dabei ein glückliches Gesicht. Erinnern Sie sich an Tom Sawyer? Der den Zaun streichen musste? Er hatte überhaupt keine Lust dazu, tat aber so, als wäre es das Tollste auf der Welt. Das ging so weit, dass ihm andere Kinder alles Mögliche schenkten, um auch ein bisschen streichen zu dürfen.

Vermitteln Sie Ihrem Kind also bei allem, was sie hassen, dass es das Tollste der Welt ist, dann wird es das auch machen wollen und Sie sind raus aus der Nummer: Knöpfe annähen, Risse stopfen, Hosen enger nähen oder auslassen. Und vergessen Sie nicht, ihm beizubringen, wie man Reißverschlüsse annäht. Wenn Sie das geschafft haben, schicken Sie es zu mir. Bitte!

BETTENKLEID

Was gibt es für einen Erwachsenen Schöneres, als sich in einem frisch bezogenen Bett einzukuscheln, den Duft von Waschpulver einzuatmen und wenigstens ein Mal nicht den schweißtreibenden Albtraum von letzter Nacht in die Nase zu bekommen? Kinder dagegen riechen sich gern. Sie würden ihr Bett nie freiwillig neu beziehen. Vielleicht ist ihnen auch gar nicht bewusst, dass dies von Zeit zu Zeit aus Gründen der Hygiene und des eigenen Wohlbefindens passieren muss. Sie stellen lediglich fest, dass sich der Look ihres Bettzeugs in gewissen Abständen ändert.

Kinderbettdecken müssen ja weit mehr Zwecke erfüllen, als nur den kleinen Körper nachts vor dem Auskühlen zu bewahren. Sie dienen als Höhlenwände, Sitzkissen und manchmal sogar als Spielteppich, Schiff oder metaphorisches Meer. Und genau deswegen müssen sie sorgsam behandelt werden. Wie man einer Puppe ab und zu ein neues Kleid verpasst, muss auch dem Bett von Zeit zu Zeit ein neues Kleid verpasst werden. Ein frisches, eines ohne Popelflecken und Fußschweiß.

Nehmen Sie sich die Zeit, Ihren Kindern das Bettenüberziehen beizubringen. Bleiben Sie dabei, seien Sie hilfreich und loben Sie. Zeigen Sie, wo die schmutzige Bettwäsche hingebracht werden muss. Lassen Sie zu, wenn das Kind ein Spiel daraus macht und in den Überzug kriecht. Im besten Fall atmet es nach einiger Zeit nur noch Kohlendioxid ein und Sie können den Rest des Bettenüberziehens in Ruhe und zügig erledigen. Und wenn das Kind wieder bei Bewusstsein ist, freuen Sie sich gemeinsam mit ihm über das frisch duftende, »neue« Bett.

MAGNETPLÄTTUNG

Mein Sohn (acht) kam eines schönen Tages ins Schlafzimmer und erwischte mich auf frischer Tat beim Bügeln. »Ich … äh, es ist nicht so, wie es aussieht!«, stotterte ich. Dorian sah mich nur traurig an, warf mir ein vorwurfsvolles »Mama« vor die Füße und verließ kopfschüttelnd den Raum.

Wenige Tage zuvor: Die Bügelwäsche würde heute einfach sein. Ein paar T-Shirts, die Platzdeckchen von IKEA. Dorian betrat das Schlafzimmer und wollte sich die Erlaubnis holen, Konsole spielen zu dürfen. Ich sah nachdenklich auf die krumpeligen Platzdeckchen aus Stoff, dann auf meinen Sohn, der mit Dackelblick vor mir stand. Bevor ich es verhindern konnte, rief ich voller enthusiastischer Begeisterung aus: »Möchtest du bügeln?« Dorian ragte mit seinem Kopf gerade mal so über den Rand des Bügelbretts und blickte ängstlich auf das heiße Eisen. »Das kann ich nicht.« – »Nicht, ob du es kannst. Ob du es willst.« – »Jo, würde ich schon probieren.«

Ich bin mir nicht sicher, ob die Bügelbrettingenieure sich das so gedacht haben, als sie kleine Griffe zur Höhenverstellbarkeit einbauten, aber im Handumdrehen befand sich die Arbeitsfläche auf optimaler Kinderhöhe. Sicher wäre mir Magnetplättung ohne Hitze lieber gewesen, bei der die angelernten Heinzelmännchen ohne Brandzeichen ihre Wirkungsstätte verlassen können. Aber der Umgang mit gefährlichen Sachen muss ja auch irgendwann gelernt werden. Dorian begann vorsichtig, das Bügeleisen über ein Platzdeckchen gleiten zu lassen. Und – oh Wunder – die Falten verschwanden wie durch Geisterhand.

Sicher hätte er gern noch ein paar Tasten und Knöpfe mehr an dem Arbeitsgerät gehabt, aber vorerst reichte die Faszination, dass er durch den Einsatz von großer Hitze, derer ER Herr war, faltenglättende Macht ausüben konnte und damit obendrein noch Mama ein glückliches Lächeln ins Gesicht zauberte. Nach drei Platzdeckchen und drei T-Shirts verkündete er stolz: »T-Shirts bügle ich am liebsten«, und verließ zwei Zentimeter größer den Raum. In der Tür drehte er sich noch einmal um und bat mich: »Wenn du noch mal bügelst, kannst du mich holen.« Ich nickte und starrte auf die betonfest gebügelte Knickfalte in einem T-Shirt.

Kinder haben Bedürfnisse. Und sie sollten auch lernen, wie sie diese befriedigen können. Unter Zuhilfenahme ihrer eigenen kognitiven Fähigkeiten. Wunderbar anzuwenden ist das beim Packen. Was dem Kind auf einem Ausflug fehlen könnte, muss es mitnehmen. Dazu gibt es Rucksäcke, Taschen und Beutel, die ein gewisses, begrenztes Fassungsvolumen aufweisen. Diesbezüglich muss das Kind auch begreifen, dass dieses Fassungsvolumen immer in einem Zusammenhang mit dem Gewicht der notwendigen Dinge steht.

Da das Kind den gefüllten Ausrüstungsgegenstand auch einmal während des Ausflugs tragen wird, sollte es sich überlegen, was unbedingt eingepackt werden muss. Je nach finanzieller Situation der Familie ist es ratsam, an die Mitnahme eines Getränks zu denken und an Kleinigkeiten für den plötzlich aufkommenden Hunger. Nicht jeder kann sich jedes Mal eine Wurst vom Stand oder ein Wasser von der Bar auf dem Stadtfest leisten. Und selbst wenn es die Möglichkeit gibt, sich lediglich mit einem prallen Geldbeutel aus dem Haus zu begeben, muss man sich der Tatsache bewusst sein, dass dies keine pädagogisch sinnvolle Verhaltensweise ist. Mit Euros das Haus zu verlassen, ist zwar einfach, aber es lässt das stets wissenshungrige Gehirn eines Kindes nicht arbeiten.

WAS brauche ich WOFÜR, wenn ich WOHIN gehe? Die Dinge, die einzupacken sind, variieren von »nichts« bis hin zu einem vollen Koffer für eine Urlaubsreise mit unbekannten Wetterverhältnissen. Verlässt man morgens das Haus, sollte der Ranzen genau das beinhalten, was man an diesem Tag braucht. Spielzeug, Geschenke oder die Steinsammlung sind nur bedingt nötig, belasten den Rücken des Kindes und überschreiten oftmals das Fassungsvermögen eines normalen Schulranzens.

Den Ausflug zu einer Aktivität, die die leibliche Versorgung gewährleistet, also Essens- und Getränkestände in ausreichendem Maße zur Verfügung stellt, kann man mit leichtem Gepäck angehen. Ein Ausflug in die Wildnis oder auf einen Spielplatz stellt da schon höhere Anforderungen an das Planungsverhalten.

Das Kind wird schnell merken, welche Bedürfnisse es zu befriedigen gilt. Gehen Sie guten Gewissens davon aus, dass Ihr Nachwuchs nie wieder die Wasserflasche vergessen wird, wenn er zweimal knapp dem Tod durch Verdursten entkommen ist. Und dass es Sie zwar hassen oder sich eine andere Familie wünschen wird, aber NIEMALS mehr sein Pausenbrot auf dem Küchentisch liegen lässt, wenn es bei einer Veranstaltung oder einem Ausflug nichts zu essen bekam. Hat das Kind erst einmal eine gewisse Sicherheit entwickelt, sich mit Nahrung ausreichend auszustatten, liegt die Vermutung nahe, dass die Grundbedürfnisse damit abgedeckt wären. Was ist aber mit Taschenmesser, Lupe, Regenschutz, Picknickdecke, Pflaster und Taschenlampe oder Extrariemen für gefundene Stöcke?

Wenn sich Ihr Kind das fachgerechte Packen durch »Learning by Verzichting« aneignen soll, schlage ich Ihnen beispielsweise einen spontanen Besuch im Schwimmbad vor. Ohne Schwimmbrille oder Handtuch ist so etwas ja noch zu verkraften, aber ohne Badebekleidung steht das Kind vor einem unlösbaren Problem und wird nie wieder das süffisante Grinsen des Erziehungsberechtigten vergessen, der gemütlich seine Bahnen im 25-Meter-Becken zieht, während es selbst mit Unterhemd und Hose bekleidet in einem Meer von Tränen auf der Bank sitzt.

Und nun zur Königsklasse des Packens: Urlaubskoffer. Manch einer füllt gern und in heller Vorfreude auf den bevorstehenden Urlaub das weit geöffnete Maul eines Plastik-, Alu- oder Stoffbehältnisses; manch einer hasst das auch. Aber man muss es tun, weil es zwar einfacher ist, einen leeren Koffer zu transportieren, aber sich – je nach Temperatur und Schamgrenze – unangenehm anfühlt, wenn man am Urlaubsort ausschließlich nackt herumläuft. Also muss Ihr Nachwuchs lernen, dass man den Norwegerpulli für Norwegenurlaube einpackt und Bikinis für Bikinien. Dass Flipflops generell schlecht für Füße und Gesundheit sind und dass Alpinski weder ihre Verwendung in den Bergen Teneriffas finden, noch genügend Halt im Wasser gewährleisten. Kuscheltiere und Schnuller nehmen nur Platz weg und überhaupt wäre der Urlaub die geeignete Gelegenheit, um sich von ihnen zu lösen. Reduktion auf das Wesentliche, darauf kommt es an.

Das eigenverantwortliche Packen wird sich von Urlaub zu Urlaub verbessern, und wenn der Sprössling mit 18 Jahren plötzlich seinen Koffer selbstständig vorbereitet, können Sie sicher sein, dass er gefüllt ist mit Liebe, Vertrauen, mit all den Jahren aufopfernder Erziehung – und ein wenig geklautem Tafelsilber.

TÜREN HABEN GRIFFE

Türen lassen sich mittels eines Griffs oder einer Klinke leise öffnen und wieder schließen, auch das gehört zu dem Wissen, das sich Kinder aneignen müssen. Eltern leben das doch so schön vor. Na gut, das eine Mal Türenschlagen, um seinem Unmut über die wieder mal misslungene Erziehung zu äußern, das sollte nicht ins Gewicht fallen. Das andere Mal, da war ja auch der Wind ein bisschen mit schuld. Und einmal bin ich einfach zu schnell durch die Tür gelaufen und die Klinke hing noch an meiner Hand fest. Außerdem bezahle ICH ja schließlich den kaputten Rahmen.

Bei alledem sollte man jedoch nicht vergessen, dass es auch Gummidichtungen und Türstopper für Unbelehrbare gibt. Aber um diese Anschaffung gar nicht erst tätigen zu müssen, ist es unabdingbar, den Lieben von klein auf den sanften und bedienungsgerechten Umgang mit Türen beizubringen.

Manchmal träume ich davon, die Türbefestigung zu lockern, und zwar genau so weit, dass sie beim nächsten Zuschlagen mit Krawumm aus den Angeln kracht und ich mich dann mit Händen in die Hüften gestützt hinstelle und verkünde: »Siehste? Das passiert …«

AUGEN AUF BEIM MÖBELKAUF

Sie möchten sich ein neues Sofa zulegen? Liebäugeln mit der schicken Ledergarnitur aus dem Möbelprospekt? Jetzt aber nichts wie hin zum Therapeuten und Stuhlkreis bilden. Neue Möbel sind nichts für Familien mit Kindern. Außer, Sie beachten einige hilfreiche Tipps beim Möbelkauf.

Die Farbauswahl eines Sofas wird nicht an die Wohnzimmerumgebung angepasst, sondern an das Alter der Kinder. Grundsätzlich sollten sich alle Haushalte mit Kindern einprägen: Weiß heißt NICHT kaufen. So robust und pflegeleicht, wie manche Hersteller ihren »weißen Bezug« anpreisen, so sicher ist es auch, dass ebendiese Hersteller innerhalb kürzester Zeit Lügen gestraft werden. Kinder schaffen es sogar, Flecken auf einem bunten Flickerlteppich sichtbar zu machen, wieso sollte Ihr weißes Sofa da eine Ausnahme bilden? Rot ist eine gute Alternative bei gewalttätigen Familien, da sieht man das Blut nicht so. Ebenso Schwarz und alle dunklen Brauntöne. Grünbraun gefleckt: Da kann man auch mal mit Schuhen drauf, und Braun lässt das

Kinderherz höher schlagen, weil die süßen Kleinen dann endlich ohne Unterhose aufs Sofa dürfen und man die Spuren ihrer mangelnden Toilettenhygiene trotzdem nicht sofort erkennt.

Bei Tischen sollten Sie bedenken, dass Glas tatsächlich ein strapazierfähiges Material ist, das einiges aushält, nie jedoch Kinder. Holztische haben scharfe Kanten, die Ihren Nachwuchs dazu zwingen, einen weiten Bogen darum zu machen. Denn Tischkanten sind, glaube ich, extra in Kopfhöhe von Kindern angebracht, damit die Tische keinen Schaden von herumtobenden Kleinen davontragen.

Neue Möbel können Sie sich übrigens auch im hohen Alter noch anschaffen, Möbel, die nur Sie benutzen, bei denen nur Sie Verantwortung tragen und jeder Gläserrand, Kratzer oder Fleck von IHNEN stammt.

Solche Flecken lassen sich doch viel entspannter entfernen als die »WER WAR DAS?«-Flecken.

LEIDEN UND GENIALITÄT DER ZWERGE

Kinder sind zu bemitleiden. Sie verbringen einen Großteil ihrer Zeit in einer Höhe, in der sich bei den meisten Erwachsenen die Darmöffnungen befinden. Wenn ein Kind in einer Menschenmenge steht, hat es meist nach kurzer Zeit einen Po in seinem Gesicht. Oder eine Tasche im Auge. Oder es kann genüsslich den Rauch einer Zigarette inhalieren, bevor sie ihm die Haare versengt. Oh, Verzeihung.

Wichtig ist es also, Kindern begreiflich zu machen, dass es keine geringere Lebensqualität darstellt, wenn man einige Dinge aufgrund der Tatsache, dass man auf Tischkantenhöhe lebt, nicht machen kann. Bei Karussells sind die Bügel nun mal nicht für Winzlinge konzipiert, außer man möchte ihnen einen einmaligen Freiflug ermöglichen. Und danach nie wieder. Bei Autos hat es einen Grund, dass die Pedale so weit vom Sitz und damit den Füßen der Kleinen entfernt liegen. Und in Bars stehen starke Alkoholika auf den obersten Regalen.

Kinder können aus physischen Gründen keine schweren Gegenstände tragen, sie können keine komplexen Handlungsabläufe wie einen Autoreifenwechsel vollziehen. Gut für die Zwerge, schade für uns.

Die meisten Kinder sind es leid, als »klein« bezeichnet zu werden. Sie haben schon bald begriffen, was es heißt, »Kind« zu sein: Man ist zu klein für dies, man ist zu jung für jenes. Die Älteren dürfen alles, die Kleinen gar nichts. Doch ich biete Ihnen Abhilfe: Peppen Sie das Selbstbewusstsein Ihres Kindes auf! Zeigen Sie ihm, womit es sich in der Gesellschaft behaupten und sich unersetzlich machen kann. Kleine Finger passen in fast jede Ritze und Ecke eines Haushaltes, sie können unter und hinter Schränken Staub wischen, da, wo der Staubsauger nicht hinkommt. Sie können in Ausgüsse fassen und Verstopfungen lösen. Kinder kommen mit ihren kleinen Fingern hervorragend in die Zwischenräume von Jalousien und können Ihnen durch ihre aufopferungsvolle Hilfe den jährlichen Frühjahrsputz um einige Stunden verkürzen. Stunden, die kostbar sind für Sie. Das Kind ist eine wertvolle Zeit beschäftigt, in der Sie sich den Dingen zuwenden können, bei denen das Kind eher unproduktiv entgegenarbeiten würde.

Kinder können in einer Garage leichter über die gestapelten »Antiquitäten« krabbeln, um die eingetrocknete Farbtube, das Schmetterlingsnetz oder die Abdeckplane zu holen. Ihre Hände kommen viel besser zwischen die Felgen bei Autos und Fahrrädern. Und zu guter Letzt sind sie aufgrund ihrer geringen Körpergröße viel näher am Boden als Erwachsene und somit eher befähigt, Dinge aufzuheben und sie hochgewachsenen, rückengeplagten Erwachsenen zu reichen.

Auch im sozialen Bereich kann es ausgesprochene Vorteile bringen, ein Kind zu sein. Sie haben nämlich das fürsorgeweckende Kindchenschema. Das heißt: hohe Stirn, große Augen, großer Kopf im Verhältnis zum Körper, Stupsnase. Je ausgeprägter das Kindchenschema bei Ihrem Nachwuchs ist, desto vielseitiger ist es einsetzbar. In Warteschlangen an der Kasse, beim Bäcker oder Metzger – für das »Na Kleines, möchtest du ein Brötchen / eine Scheibe Wurst?« – oder beim Glücksraddrehen auf dem Straßenfest: »Na gut, du darfst noch mal.«

Also, es gibt wirklich keinen Grund für die Kleinen, über ihren Zustand zu lamentieren.

KINDER BRINGEN FREUDE ... UND BIER

Zum Abschluss des Haushaltskapitels noch ein paar Schmankerl, mit denen Ihnen das Leben als Eltern Spaß machen wird: Bier holen! Kinder müssen vom Alkohol ferngehalten werden. Damit ist aber nicht gemeint, dass sie gar keinen Kontakt mit ihm haben dürfen. Sie dürfen sehr wohl in den Keller gehen, um ihren Eltern ein Fläschchen zu holen, sie müssen angelernt werden (vorrangig in Bayern), einen Zapfhahn zu bedienen, und sie müssen mit einem Flaschenöffner umgehen können, inklusive Entsorgung des Kronkorkens in den richtigen Mülleimer.

Kinder eignen sich hervorragend, um eine Party aufzupeppen. Denn sie lieben es, bei langweiligen Erwachsenenpartys eine Aufgabe zu haben. Durch das Bedienen erheischen sie Lob und Aufmerksamkeit: »Na, du bist aber fleißig. Das ist aber schön, dass du hilfst.«

Gäste bedienen ist ein tolles Spiel, das Verantwortung, Geschick und Höflichkeit erfordert und somit die sozialen Fertigkeiten Ihres Kindes fördert. Bei dieser Gelegenheit bringen Sie ihm spielerisch bei, welche Gläser zu welchem Getränk gehören, wie man Servietten faltet, wie man Tische deckt und dekoriert. Das setzt natürlich eine entsprechende Fähigkeit und ein entsprechendes Wissen auch bei den Gastgebern, also bei Ihnen, voraus.

Kleiden Sie die Kinder in das passende Outfit – kleine Livrees, Schürzen und weiße Hauben lassen sofort erkennen, an wen sich die Gäste mit ihren Wünschen zu wenden haben, und sie stellen augenscheinlich klar, WER hier das Personal ist. Die Süßen flitzen zwischen Küche und Gast hin und her, holen Getränke, legen Essen nach, nehmen Mäntel ab. Und wenn sie gerade nichts zu tun haben, warten sie still in einer Ecke auf neue Aufgaben. Oder spülen in der Zwischenzeit das schmutzige Geschirr ab und putzen die Autos.

Ach je, wäre das schön. In Wirklichkeit spielen alle Kinder, die kein Interesse an dem eigens eingelegten Kinderfilm entwickeln, zwischen Gästebeinen Fangen; fremde Kinder nörgeln, weil es keine Pommes gibt, und ganz kleine machen ihren Eltern durch konstantes Brüllen unmissverständlich klar, dass es nun schon längst Zeit ist zu gehen. So gegen 19:30 Uhr.

Der Gang zur Post: Es sind die kleinen Dinge, die zählen, und die kleine Botengänge, die Ihren Kindern vermitteln, dass sie dazugehören und ein wichtiger Teil der Familie sind. Also erzählen Sie Ihren Kleinen, dass Sie ihnen von nun an zutrauen, die Post oder Zeitung hereinzuholen. Das sei eine wichtige Aufgabe. Aber achten Sie darauf, dass sie es ernst meinen. Denn wenn Ihr Kind eines Tages mitkriegen sollte, dass Sie einfach keine Lust haben, die fünf Stockwerke nach unten zu laufen, oder der Briefkasten bei Regenwetter in unerreichbare Ferne gerückt zu sein scheint, wird es bald merken, dass dieses familiäre Integrationsangebot nichts anderes als eine Finte und eine Ausgeburt der elterlichen Faulheit ist.

Weitere Botengänge zum Postamt oder dem nächsten Briefkasten hingegen sind eine Herausforderung an die Selbstsicherheit, den Mut und das geografische Verständnis der Kleinen. Aber bedenken Sie das immense Selbstvertrauen, das Ihr Kind dadurch erlangt. Die kognitive Leistung, die erbracht werden muss, ist unbezahlbar. Es Kind muss einen Gegenstand – in diesem Fall einen Brief – über einen vorgegebenen Weg zu einem vorgegebenen Ort bringen, ihn dort einwerfen und dann den gleichen Weg wieder zurückfinden. Es muss womöglich Gefahren überwinden wie zu passierende Straßen, es muss Verlockungen widerstehen, zum Beispiel Knallerbsensträuchern oder Pusteblumen am Wegesrand. Und es darf am Ziel seines Weges den Zweck des Botenganges nicht vergessen haben und kopfkratzend vor dem gelben Kasten stehen. Und eine der wichtigsten Regeln für die Auftraggeber, also Sie: Geben Sie Ihren Kleinen die ersten dreihundert Male bloß keine wichtigen Dokumente mit.

Es gibt noch viele kleine Aufgaben, die Ihr Kind bewältigen kann und die Ihnen guttun. Haben Sie es früher mit einer sanften Babymassage verwöhnt? Die Beinchen geknetet, das Bäuchlein im Uhrzeigersinn ausgestrichen? Ja? Nun, dann sind Sie jetzt an der Reihe. Setzen Sie ein leidendes Gesicht auf, reiben Sie sich den Nacken und betonen Sie in sich wiederholendem Rhythmus, dass Sie weder mit den Kindern spielen noch ein adäquates Mahl zubereiten könnten, weil sie sooo verspannt seien. Was bei Männern durch Sexentzug und/oder den Einsatz großer Kulleraugen funktioniert, klappt bei Kindern mit der Androhung des Entzugs der Erfüllung von Luxusbedürfnissen wie Fernsehen, Süßigkeiten und Taxifahrten.

Auch wenn eine Fußmassage von Kinderhänden in den Anfängen weder effektiv noch schön ist, legen Sie dennoch einen Grundstein im liebevollen Umgang miteinander. Einfach mal die Glotze ausmachen, Massageöl auspacken und die Socken ausziehen.

WER WILL SCHON FLEISSIGE HANDWERKER SEH'N?

Kinder sollten wissen, wo sich der Werkzeugkasten befindet. Sie sollten ihr Fahrrad reparieren, einen Schlauch flicken und die Kette selbstständig wieder aufziehen können, ohne dabei alle Kleidungsstücke mit Kettenöl zu dekorieren. Ebenso sollten sie einen Nagel mit einem Hammer einschlagen und ein Dübelloch bohren können.

Natürlich müssen die Kleinen an den Umgang mit Werkzeug sehr liebevoll herangeführt werden. Wenn Sie den Wänden im Wohnzimmer einen neuen Anstrich verpassen wollen, lassen Sie Ihre Lieben mitmachen. Kleine Kinder eignen sich hervorragend dazu, Farbe im Raum zu verteilen. Zwar nicht an die Wand, aber der eine oder andere Klecks landet bestimmt auch dort. Und basteln Sie lustige Hütchen aus Zeitungspapier, die mit Sekundenkleber sogar halten.

Kinder können durchaus mit Pinseln die Ecken streichen. Übereinandergestapelt reichen mehrere von ihnen sogar bis an die Decke, um die unbequemen Kanten zu malern. Zeigen Sie ihnen, wie man die Farbrolle vorsichtig eintaucht und an dem Gitter abrollt, damit nicht zu viel Farbe kleben bleibt; und wie man sie mit gleichbleibendem Druck an der Wand entlangrollt, um im Ergebnis einen gleichmäßigen Anstrich zu erhalten. Nach dem fröhlichen Pinseln sollte auch schon die Badewanne vorbereitet sein, und während Ihre Kinder sich völlig selbstständig von der neuen Hautfarbe befreien, können Sie in Windeseile die marginalen Unebenheiten ausbessern.

Kinder müssen lernen, welche Arten von Schrauben es gibt, sie sollten das Wort »Inbus« ebenso kennen wie »Schraubendreher« und »Siphonzange«. Wenn die Mäuse nicht damit umgehen können, sollten sie wenigstens das richtige Werkzeug reichen, während Papas Kopf unter der Spüle klemmt oder Mama auf der Leiter balancierend versucht, die neue Wohnzimmerlampe anzubringen. Ein kleiner Crashkurs in Werkzeugkunde empfiehlt sich ab dem dritten Geburtstag. Als wie hilfreich hat sich schon ein Kind erwiesen, das einem Erwachsenen, der in einem IKEA-Schrank schwitzend und stabilisierend zwischen den beiden wackeligen Seitenteilen steht, das richtige Werkzeug zwischen die Zähne klemmen konnte.

Ich rate allerdings davon ab, Kinder selbstständig mit Werkzeug hantieren zu lassen. Versuche, ohne Anleitung den neuen Schreibtisch aufzubauen, manifestieren sich in schweren Frustrationen und letztendlich muss der Werkzeugkasten danach komplett neu eingeräumt und sortiert werden.

Aber wir wollen ja keine Spielverderber sein. Es ist ein Regalbrett anzubringen? Was hindert Sie daran, Ihr Kind 37 Versuche unternehmen zu lassen, ein paar Löcher zu bohren? Sollte es sich wieder herausreden wollen mit den Worten: »Ich kann das nicht, ich mache sowieso alles falsch«, bestätigen Sie es liebevoll in seiner Ansicht und bohren selbst.

Es müssen ja auch nicht immer gleich Häuser gebaut werden. Ein Bild aufzuhängen ist von den Ansprüchen her eine hinsichtlich kognitivem und handwerklichem Geschick überschaubare Angelegenheit. Scheuen Sie sich nicht, Ihre Kleinen den Umgang mit Wasserwaage und Lot zu lehren. Sobald das Bild hängt, Blutlachen aufgewischt und Daumen verbunden sind, stellen

Sie sich mit Ihrem Kind stolz vor das schiefe Bild, klopfen ihm anerkennend auf die Schulter und sagen: »Das warst nicht du, das Haus steht schief.«

Ein Kind kann durch den Einsatz von Werkzeug auch lernen, wie man seine eigenen Besitztümer instand hält. So zum Beispiel sein Fahrrad. Das macht stolz und das Kind ist eine ganze Weile beschäftigt. Nun, das war gelogen, denn in Wirklichkeit ist der Vater oder derjenige im Haus, der sich mit Fahrradreparaturen auskennt, eine ganze Weile beschäftigt. Während geschraubt wird, gedreht, gepumpt, Schläuche ins Wasserbad getunkt, um das Loch anhand der Luftblasen zu lokalisieren, während Dynamos getestet und Sattel mit Hauruck höher gestellt werden, verdünnisiert sich der gelangweilte Lehrling und jagt eine Schnecke über den erhitzten Asphalt.

Auch das FahrradPUTZEN kann unheimlich unspaßig sein und schnell eine stehende Staubwolke an der Stelle hinterlassen, an der sich gerade noch ein aufmerksames Kind befand. Seltsamerweise zeigen sich auch hier wieder deutlich die Unterschiede zwischen Mädchen und Jungen. Mädchen putzen, polieren, bringen den Rahmen und die Felgen erst mit einer Zahnbürste, dann mit einem Mikrofasertuch auf Hochglanz und streichen sanft mit einem weichen Lappen über die Klingel, bis sie sich darin spiegeln.

Und Jungs? Die fragen Papa nach dem Hochdruckreiniger …

GARTENZWERGE

Im Frühling ist es so weit: Raus in die Natur. Samen einpflanzen und warten. Monatelang warten. Jeder Samen braucht eine spezielle Umgebung. Der eine mag es nicht zu feucht, der andere nicht zu trocken. Der eine Halbschatten, der andere volle Sonne. Und so mancher kleine Samen braucht eine SONDERBEHANDLUNG, muss an einem hellen Ort auf der Fensterbank in seinem eigenen kleinen Bereich in unglaublicher Sorge und Zuwendung mit speziellem Dünger zu einem Sprössling herangezogen werden, der dann irgendwann stark genug ist, um in der Welt bestehen zu können. Ja, und mit Pflanzen ist es ähnlich …

Bevor sich Kinder an unschuldigen Gewächsen vergreifen dürfen, empfehlen sich einige Übungsstunden im fachgerechten und sicheren Umgang mit Gartengeräten. Hierfür gibt es inzwischen alle Rechenarten und Kehrwerkzeuge in Kinderausführung, und sollten Sie das Geld dafür sparen wollen (was löblich ist, aber ein gewisses Maß an kreativem Einsatz erfordert), benutzen Sie Teleskopstangen, die Sie auf Kindergröße schrumpfen und in die Besen oder Rechen stecken können. Wichtig ist nur, dass die Kleinen Spaß an der Arbeit an frischer Luft für sich entdecken. Loben Sie sie von Ihrer Sonnenliege aus, wenn Sie kurz den Strohhalm Ihres Cocktails aus dem Mund nehmen. Das spornt sie an.

Sie können Ihrem Kind mehr zutrauen, als Sie vermuten. Holzhacken, Rasenmäher, elektrische Gartenschere – das alles ist nur eine Frage der Übung, der Nerven und der medizinischen Ausrüstung in Ihrem Haushalt. Laubsauger und Bläser sind da weniger gesundheitsgefährdend und überdies eine willkommene und spaßige Angelegenheit zur Festigung der friedlichen Nachbarschaftsbeziehungen.

Zeigen Sie dem Kind, was Unkraut ist und wie man es entfernt, ohne die anderen, die »guten« Pflanzen zu zerstören. Und überlegen Sie jetzt schon mal, wie Sie dem Kind erklären, warum die eine Pflanze UNkraut ist und die andere nicht. Eine kleine Hilfestellung: Unter Unkraut versteht man eine wild gewachsene Pflanze, die an einem bestimmten Ort aus subjektiv ästhetischem Empfinden nicht erwünscht ist. Hätten wir kein Unkraut, könnten wir unseren Kindern nicht erklären, dass Dinge, die nun mal nicht erwünscht sind, entfernt werden müssen, auch wenn sie an anderer Stelle ihre Daseinsberechtigung haben. Gut, dann sollen sie da auch hin und nicht den privilegierten Pflanzen die Nährstoffe absaugen. Und wo wir gerade beim Absaugen sind: Laubsauger und Nacktschnecken, liebe Tierschützer …

Gießen! Sofern es lediglich um den Bewässerungsvorgang geht und nicht um eine Hochsommerbespaßung mit dem Gartenschlauch, reichen Sie eine große Gießkanne, mit der Ihr Gartenzwerg Wasser holen, Wasser schütten, Wasser holen, Wasser schütten kann. Sollte der Gartenarbeit ein Zickenkrieg oder Streit vorausgegangen sein, bringen Sie die KLEINE, buntleuchtende, kinderfreundliche Minigießkanne zum Einsatz. Wasser holen, schütten, holen, schütten, holen, schütten. Ein aufblasbares Plastikplanschbecken kann im Laufe der verregneten Sommertage zum Zwecke der Wasseraufbewahrung und -wiederverwertung ziemlich nützlich sein.

Nun, ich denke, die Arten der Bewässerungsmethoden wären damit ausreichend besprochen. Halt, der RASENSPRENGER. Das Highlight eines heißen Sommertages oder eines warmen Sommertages oder wenigstens eines Sommertages … Eine Wonne, die fröhlichen Kinder im kühlenden Nass herumtoben zu sehen, lachende Gesichter, hüpfen, springen, laufen … Wen stören da schon die von lebhaften Kinderfüßen heruntergetrampelten, aufgeweichten, schlammigen paar Quadratmeter, an deren Stelle vor einigen Minuten noch ein englischer Rasen die Nachbarn vor Neid erblassen ließ. Falls Sie Kinder haben und Rasen lieben, ziehen Sie an einen Golfplatz. Dort können Sie den Anblick einer perfekten Grünfläche genießen, sobald Sie über den Müll im eigenen Garten bis zum Zaun gestiegen sind.

Im Winter stehen Schaufel, Streusand und Besen bereit. Ein bisschen Bewegung tut immer gut, und wenn Sie das Kind entsprechend loben, weil es Ihnen geholfen hat, den Gehweg von Schnee und Eis zu befreien, so wird es dies bald als seine Pflicht ansehen und noch vor der Schule die Schippe in die Hand nehmen. Kaum ein Kind wird nach dem Lob eines Passanten, der über den geräumten Bürgersteig mehr als glücklich ist, wahrheitsgemäß zugeben, dass es kein Frühstück bekommt, wenn die Arbeit nicht getan ist. Und in einem harten Winter das Auto freizukratzen hat den Vorteil, dass man dann rechtzeitig zur Schule gebracht werden kann. Es steht also immer eine unmittelbare Belohnung im Raum.

7. KAPITEL

NAHRUNGSBEREIT-STELLUNGSSERVICE

ESSEN

EIN LÖFFELCHEN FÜR MAMA

Zu den wichtigsten Dingen, die Kinder lernen müssen, gehört es, so zu tun, als ob ihnen die Geschmacksknospen vor Verzückung explodieren, wenn Mama blanchierte Kohlrabistreifchen kredenzt oder wenn ein lecker gewürztes Rosenkohlröschen über den Teller kugelt. Auch noch so exotische Speisen wie gekochte Möhre oder Brokkoli sollten probiert werden. Dass nicht jeder mit heruntergelassener Hose ausgelassen auf dem Tisch tanzt, wenn Zucchini oder Aubergine aus dem Auflauf schielen, verstehe ich ja. Aber probieren muss man es trotzdem. Sollte es einem nicht schmecken, kann man immer noch – seien wir mal kreativ – tanzen, zur Ablenkung.

Ich persönlich bin nicht so die Bocüsin, und wenn ich mein eigenes Kind wäre, hätte ich mit Sicherheit einen Gnadenersuch beim Verein für Nahrungsmittelfreiheit gestellt, um meiner Kochkunst zu entkommen. Aber ich bin nicht mein eigenes Kind und kann deshalb entspannt zusehen, wie meine Kleinen leiden. Und wenn sie bei anderen zum Essen eingeladen sind, blicke ich beim Abholen in strahlende Müttergesichter: »Sie hat DREI Portionen gegessen!«

Leider aber werden die Kleinen nicht jeden Tag woanders eingeladen, zumindest meine nicht, und deshalb müssen sie einige Regeln zur Wahrung des Friedens am heimatlichen Esstisch befolgen.

»Iss deinen Teller leer, sonst gibt es morgen kein gutes Wetter!«, ist eine der beliebtesten Drohungen, um Kinder zum Aufessen zu ermutigen. Dass der Spruch ursprünglich aus dem Plattdeutschen kommt und eigentlich hieß, dass es morgen »Gutes wieder (wedder)« gibt, bleibt nur den aufmerksamen *Wissen macht Ah!*-Zuschauern vorbehalten. Dabei hat das Aufessen oft auch ganz pragmatische Gründe, die vor allem faule oder geruchsempfindliche Kinder davon überzeugen sollten, dass es besser ist, einen leeren Teller in die Küche zu tragen: Sollte nämlich ein noch so kleiner Rest darauf zurückgeblieben sein, muss das Kind diesen sorgsam und treu dem Mülltrennungsgesetz folgend in den Biomüll entsorgen. Gerade im Sommer, bei warmen, bakterienfreundlichen und schimmelfördernden Temperaturen, ist dies nicht immer ein Spaß und erfordert zudem einen zusätzlichen Arbeitsgang, bevor das Kind sich endlich an die heißersehnten Hausaufgaben begeben darf.

»Schmatz nicht!« Ihr Kind schmatzt? Meins auch. Aber nicht, weil ich es ihm vorlebe, sondern weil es wahrscheinlich einfach seine Kiefermuskulatur nicht unter Kontrolle halten kann. Das arme Ding.

Schmatzen ist GERÄUSCHVOLLES Essen, enervierend dadurch, dass man durch Erziehung in der Kindheit ein anderes Muster antrainiert bekommen hat. In manchen Ländern gehört das Schmatzen zum guten Ton. Bei uns gefälligst nicht. Mund zu beim Kauen und erst wieder auf, wenn er mit neuer Nahrung beladen wird. Von Zeit zu Zeit gönne ich mir einen Spaß und ermahne willkürlich eines meiner Kinder mit harschem Ton: »Schmatz nicht so!«, obwohl es völlig geräuscharm und wohlgeschult die Nahrungsaufnahme vollzogen hat. Ha, DAS Gesicht müssten Sie mal sehen!

Wenn Ihr Kind ständig an Ihren Kochkünsten herumnörgelt, ist es Zeit für Phase zwei: Lehren Sie es kochen. Zwei bis drei Gänge reichen für den Anfang aus.

Es ist toll für Kinder, Speisen selbst herzustellen, mit Lebensmitteln umzugehen, deren Wert kennenzulernen. Sie stellen dabei zum Beispiel mit Bewunderung fest, dass sich Plastiklöffel in heißem Spaghettiwasser verbiegen, dass getrocknete Mehlpampe schwerer zu entfernen ist als feuchte und dass

Nahrungsmittel unter Einfluss großer Hitze schwarz werden. Sehr schwarz.

Je mehr Kinder über Lebensmittel lernen, desto sicherer können sie damit umgehen. Sie müssen verstehen, dass offene Milch schlecht und kohlensäurehaltige Getränke in nicht verschlossenen Flaschen schal werden oder dass die schöne blaue Flaumschicht auf altem Brot auf etwaige Ungenießbarkeit hinweist.

Lassen Sie es mich komplizierter ausdrücken: Kinder müssen lernen, dass alle Dinge organischen Ursprungs oder organischer Zusammensetzung vergänglich sind, dass sie verfaulen, verrotten und am Ende des Verrottungsprozesses in ihre molekulare Struktur zerfallen. Und ungenießbar werden und stinken. Weil Fäulnisbakterien nun mal stinken.

Experimente gehören zum Lernprozess dazu. Aber: Alles, was gekocht und experimentiert wird, muss anschließend auch gegessen werden. Lebensmittel zu testen ist wichtig für Kinder, damit sie einen guten Zugang zu ihnen bekommen. Nun hat nicht jeder Erwachsene unbedingt die Muße und die Erfahrung, Experimente zu begleiten, bei denen man Eiweiß, Stärke oder Säure nachweisen kann. Dieses Experimentieren meine ich auch gar nicht. Ich meine eher solche Spielarten, bei denen Sie das Kind eine Stunde in die Küche einsperren und ihm freie Hand lassen. Vorausgesetzt, Sie haben ihm den korrekten Umgang mit Schäler, Messer und Mixer bereits beigebracht. Da wird gehobelt, geschnippelt und gemischt, was der Kühlschrank hergibt.

Um den Schaden einzugrenzen, erteilen Sie Vorgaben wie: »Mixe mir einen sommerlichen Drink.« Dann haben Sie vielleicht Glück und müssen später nur klebrige Flüssigkeiten von der Wand wischen. Kommen feste Bestandteile ins Spiel, wird es unter Umständen schwieriger, denn Plätzchen aus rohem Reis, Mehl, Salz und Ei sind weder leicht aus der Kleidung zu entfernen, noch können Sie beim Verzehr so perfekt lügen: »Mmmh, das schmeckt aber köstlich.«

Die Lösung: Erklären Sie Ihrem Kind, dass Experimente mit Nahrung am besten in der Küche eines Freundes funktionieren.

Falls Sie es noch nicht aus dem Vorangegangenen erschlossen haben sollten, fasse ich hier noch einmal die wichtigsten Lernerfahrungen im Zusammenhang mit Essen zusammen: Ein Kind wird dann zum Liebling der Eltern, wenn es sich sein Butterbrot mittags mal selbst schmiert, wenn es selber einschätzen kann, welche Nahrungsmittel in welchem Zustand genießbar sind, und wenn es sicher mit dem Messer umzugehen weiß. Achtung: Mit Messern zu handwerken, erfordert Geduld und die ständige Bereitschaft, Finger wieder anzunähen. Sobald jedoch diese Fertigkeit des Fleisch-, Obst- und Brotschneidens erst einmal perfektioniert ist, können Sie sich auf einen ausgedehnten Vormittag in den schönsten Schuhgeschäften der Stadt ohne Rückreisestress freuen; denn Ihr Kind wird am einsamen Mittagstisch nicht verhungern. Sie sind eine GUTE Mutter.

Mit dem Herd und seinen elektronischen Verwandten bin ich selbst vorsichtig, so rabenmütterlich ich auch sonst wirken mag. Kinder brauchen lange, um Temperaturen einzuschätzen, und der Wasserkocher kann auch mal überschwappen. Leider hat die Industrie noch keine Wasserkocher für schwache Kinderhände erfunden, das würde vieles vereinfachen. Eine ölspritzende Pfanne wiederum ist von einem Erwachsenengesicht doppelt so weit entfernt wie von einer neugierigen Kindernase, die sich gerade so über den Rand schieben kann. Das lassen wir also besser. Beschränken wir uns auf die modernen Kaffeemaschinen, die wortwörtlich KINDERLEICHT zu bedienen sind. Tasse drunter, Pad rein, Knopf drücken, fertig. Meine Tochter Lara konnte das mit vier Jahren. Und hörte damit auf, als sie sieben war. Mist.

Was wäre denn, wenn Sie eines Samstagmorgens aufwachten und Ihnen stiege der Duft von frischen Brötchen in die Nase? Der Frühstückstisch wäre gedeckt und dampfender Kaffee stünde an Ihrem Platz? Eine Utopie? Ja, eine Utopie.

Aber warum ist das eigentlich so abwegig? War Ihr Kleiner nicht schon tausendmal mit Ihnen beim Bäcker um die Ecke? Wie alt muss ein Kind sein, damit es den Weg zum Bäcker allein findet, um dort ein paar Brötchen einzukaufen? Und wie alt genau muss es sein, damit es mit dem Einkauf wieder zurückkommt, ohne dass alle Backwaren angeknabbert sind?

Nehmen Sie also Ihre Lieben mit zum Einkaufen und nehmen Sie sich die Zeit dafür, sie die Brötchen in Ihrem Beisein selbst bestellen und bezahlen zu lassen. Jetzt müssen nur noch alle lauernden Gefahren bis ins Detail besprochen, der GPS-Sender unter die Kopfhaut geschoben werden und Sie können Ihr Kind ruhigen Gewissens einen Einkauf auf eigene Faust unternehmen lassen.

Sollten Sie Bedenken haben, Ihren kleinen Sohn oder Ihre kleine Tochter eine solche Unternehmung allein durchführen zu lassen, beschränken Sie sich auf den Kaffee ans Bett. Die Flecken von verschütteter heißer Flüssigkeit auf dem Weg von der Küche ins Schlafzimmer müssen Sie die ersten Jahre des Lernens in Kauf nehmen; aber hatte ich in einem früheren Kapitel nicht schon erwähnt, dass von Anschaffungen neuer Möbel und Teppiche in den ersten Lebensjahren des Kindes ohnehin unbedingt abzuraten ist?

Mein sechsjähriger Sohn ergriff eines Tages tatsächlich die Initiative, als seine faule, übermüdete Mutter unter keinen Umständen bereit war, ihm Essen zuzubereiten. Und weil er keinen Eiszapfen zum Lutschen fand, keine Beeren an den Sträuchern hingen und er auch keine Lust hatte, vor Hunger schon wieder die Pilzlamellen im Wald auszulecken, durchsuchte er alle

Schubladen nach einer Dose mit der netten Abbildung einer Fertigmahlzeit. Dann nahm er sich den Dosenöffner, ging zum Nachbarn und ließ sie sich öffnen. Anschließend stellte er sich einen Stuhl vor den Induktionsherd, schaltete ihn ein und schüttete den Inhalt der Dose in einen Topf. Unter Rühren erwärmte er das Essen und setzte sich schließlich mit einer Schüssel davon vor das Haus auf eine Bank und genoss seine Selbstständigkeit. In dem Moment war ich mir sicher, dass er auszugsbereit war.

GRILLEN

In den Sommermonaten zieht er durch die Straßen, dieser herrliche Geruch von angebranntem Fleisch. Er weckt animalische, tief verwurzelte Bedürfnisse nach der Grundbefriedigung des ur-menschlichen Verlangens, seine Zähne in die Muskelfasern eines Tieres zu rammen. Sei es nun roh, gebraten, gegrillt oder lediglich ein schwarzer, zusammengeschrumpelter Klumpen.

Um Kinder frühzeitig an die wundervolle Welt der kultivierten Fleisch- und Fischverbrennung heranzuführen, sollte man darauf achten, dass Säuglinge einen Platz in der ersten Reihe erhalten, wenn der Grill angeheizt wird. Sobald das männliche Kleinstkind die Fähigkeit des Greifens erlangt hat, kann man ihm ein scharf gewürztes Stück Tier in jedweder Form in die geöffnete Faust drücken. Es wird reflexartig die Hand zum Mund führen und nie wieder diesen sinnlichen Moment vergessen. Ein neues Alphatier ist geboren.

Im Zuge der Emanzipation plädiere ich selbstverständlich dafür, auch die weiblichen Kleinstkinder zu Alphatieren auszubilden. Man kann aber auch darauf verzichten und sich darauf beschränken, dem weiblichen Kind eine Drahtbürste in die Hand zu drücken, damit es gleich weiß, womit »frau« den verdreckten Grill später wieder sauber macht.

So ein Grillevent ist aber nicht nur in Bezug auf die Nahrungsaufnahme lehrreich. Neeein, das Kind bekommt mit etwas Glück eine kostenfreie Lektion über Privatrecht und/oder soziales Verhalten mitgeliefert. Nachbarn, die sich über zu starke Rauchentwicklung oder zu häufiges Grillen beschweren, verleiten zu Recherchen über Zeiten und Frequenzen der liebsten Sommerbeschäftigung der Deutschen. Lärmbelästigungen durch singende Griller wegen übermäßigen Alkoholgenusses oder einfach nur, weil sie fröhlich sind, werden von eilends herbeigerufenem Sicherheitspersonal gestoppt – eine gute Gelegenheit, das Kind schon mal mit dem freundlichen Arm des Gesetzes bekannt zu machen. Wobei sich die Freundlichkeit danach richtet, auf welcher Seite des Grills die Gesetzeshüter stehen und ob sie Hunger haben.

ES LEBE DER ZUCKERSCHOCK

Wenn die Kinder mal länger wach bleiben müssen oder sie zu aufgedreht zum Einschlafen sind, verpassen Sie ihnen einen Zuckerschock. Das hält fit, und wenn man die Zuckerzufuhr konstant hält, folgt auch kein Einbruch. Unsere Nachbarn aus den USA machen es uns vor. Bei Schönheitswettbewerben für kleine Prinzessinnen ist Schokolade das Grundnahrungsmittel, das die Batterie konstant auf »geladen« hält. Und das Schöne ist, dass die Kinder nach Abfall des Zuckerpegels plötzlich komatös wegtreten und erst aufwachen, wenn die Lockenwickler wieder eingedreht werden.

Kinder erfassen schnell den positiven Effekt von Zucker in ihren Körpern. Er wirkt gegen Schmerzen, das lernen sie bei jeder Beule oder Schürfwunde, die mit einem zuckerhaltigen Drops weggedropst wird. Später wenden sie das Gelernte auch bei seelischem Kummer an und spüren bald, dass stete Zuckerzufuhr gegen Abmagerung schützt.

Das ist auch der Grund, warum Kinder plötzlich anfangen, Kakao mit Milch zu trinken anstatt andersrum. Und warum sie den Spruch »Für Nachtisch ist immer Platz.« als erstes Tattoo mit Ausrufezeichen auf ihrer Stirn herumtragen.

NATURDROGE PFLANZENGIFT

Für das Überleben in freier Wildbahn sollten Kinder wissen, welche Pflanzen giftig sind. Es ist nicht nur beunruhigend, sondern sieht auch peinlich aus, wenn ein Kind aus dem Mund schäumt und seltsam tanzt. Schenken Sie Ihrem Kind eine App oder ganz old fashioned ein Büchlein, damit es sich mit den heimischen Naturdrogen vertraut machen kann. Fragen Sie es regelmäßig ab.

Ebenfalls muss Kindern klar sein, was zu tun ist, wenn einer ihrer Freunde sich mit toxischen Pflanzenteilen vergiftet hat: schnell abhauen, würde ich sagen. Und immer die Schuld auf andere schieben.

Giftige Pflanzen darf man ruhig wieder aus der Öffnung hinausbefördern, durch die sie in den Körper gelangt sind. Bei schäumenden oder ätzenden Haushaltsreinigern verhält sich das anders. Da soll man das Kind sich nicht erbrechen lassen. Aber ich bin kein Arzt und werde mich hier auch nicht zu weit aus dem Fenster lehnen. Nur ein allgemeiner Hinweis sei mir erlaubt: Ein schreiendes Kind ist gesünder als ein Kind, das keine Kraft mehr dazu hat.

Zu gemütlichen Familienspaziergängen durch die Natur lohnt es sich, eine Pflanzenapp mitzunehmen. Da Sie ihr geliebtes Smartphone sowieso nicht aus der Hand legen können, ist das eine sinnvolle Möglichkeit, es zu benutzen. Bringen Sie Ihrem Kind bei, wo die Highmacher der Natur zu finden sind. Bärenklau verursacht herrliche Blasen und Rötungen auf der Haut und kann bei bloßem Kontakt zu Verbrennungen führen. Aber noch viel giftiger ist der Blaue Eisenhut. Den sollten Ihre Kinder auf jeden Fall kennen. Er ist Europas giftigste Pflanze, und weil er so giftig ist und sich nicht selbst verteidigen kann, steht er unter Naturschutz. Paradox, ist aber so.

Stechapfel gehört ebenso zu den Finger-weg-Pflanzen, deren Bild sich Ihren Kindern einprägen sollte. Rizinus oder Wunderbaum zieren Parkanlagen und Gärten, wie schön. Und wenn man auch nur ein klein bisschen hineinbeißt, findet man das alles noch schöner.

Ich gebe Ihnen nun noch ein paar Pflanzennamen, die Sie Ihre Kinder bitte selbstständig im Internet recherchieren lassen. Es kann immer mal vorkommen, dass ein Kind – so großstädtisch es auch aufwächst – einen Schritt in die Natur wagt. Danach sollte es gesund und munter und nicht mit aufgequollenem Gesicht oder nach Luft röchelnd wieder nach Hause kommen. Als da lege ich Ihnen ans Herz: Seidelbast, Tollkirsche und Wasserschierling.

Herbstzeitlose, Hortensie, Goldregen und Eibe rücken als Gartengewächse immer näher an uns heran. Genau! Wozu in die Ferne schweifen, wenn das Gute liegt so nah? In unseren Wohnzimmern züchten wir oft die giftigsten Pflänzchen heran, ohne es zu wissen. Gehen Sie mal mit Ihrem Kind die Topfpflanzen auf dem Fensterbrett durch. Ich rede nicht von frischem Basilikum und leckerer Kresse für den Kräuterquark auf der Küchenfensterbank. Nein, ich rede von Rittersternen, Becherprimeln, Hyazinthen, Dieffenbachie und Wüstenrosen. Auch das beliebte Alpenveilchen ist eher für den Fischfang geeignet als zum Verzehr.

Ein Kind sollte sowieso rein gar nichts futtern, was nicht von Mama auf den Teller gelegt wurde. Aber so sind sie nun mal, die kleinen Albert Hofmanns: Sie stopfen sich alles in den Mund, was sie finden. Und Eltern verwenden viel Zeit und Energie darauf, ihnen beizubringen, dass die Blumenerde da »Nein!« ist und die lustigen, kleinen Blättchen des Buchsbäumchens »Bah!« sind; und dann streuen sie blaue Essblüten als Deko auf das Sonntagsmenü und zum Nachtisch gibt es einen Gänseblümchen-Löwenzahn-Salat. Guten Appetit.

DIE »AUSNAHMSWEISE«-MILCHSCHNITTE

Samstagvormittag und die Hälfte des Lebensmitteleinkaufs vergessen? Oder ins falsche Regal gegriffen, weil die Kinder irgendwie die Konzentration gestört haben? Fehlkäufe in Begleitung und AUFGRUND der Begleitung von Kindern sind ganz normal. Das muss man schon im Haushaltsbudget einkalkulieren. Kinder lernen schnell, dass ein sorgsam zu Hause geschriebener Einkaufszettel nicht die Bibel ist und lediglich als ungefähre Gedächtnisstütze dient. Abweichungen davon sind die Regel und so türmen sich neben Grundnahrungsmitteln die »Ausnahmsweise«-Milchschnitten, die »Aber nur heute«-Fruchtzwerge und die »Na ja, weil du so lieb warst«-Schokolinsen.

Binden Sie Ihre Kinder von klein auf mit in den Einkauf ein und am Wagen fest. Als Neugeborene sind sie als Shoppingbegleitung noch erträglich, vorausgesetzt, man stört sich nicht an dem Geschrei aus dem Maxi Cosi im Einkaufswagen. Wird das zu laut, können Sie auch die Klorollenpackung darüberstapeln, das dämpft den Schall. Sobald es sich bewegen kann, im Wagen sitzen will und eventuell im Begriff ist, sich zu artikulieren, versorgen Sie es mit hautfarbenem Heftpflaster über dem Mund, während Sie konzentriert durch die Gänge hetzen.

Wenn die Kinder ihre kognitiven Fähigkeiten dann irgendwann einzusetzen wissen, kann man sukzessive dazu übergehen, sie in die Geheimnisse des Einkaufens einzuweisen. Schon kleine Kinder können Einkaufswagen mit Hilfe einer Münze oder eines entsprechend angefertigten Rundstücks holen oder auch Preisvergleiche anstellen – die geringe Größe des Kindes erweist sich hierbei als Vorteil, weil es eh nur in die unteren Regale mit den preiswerten Waren greifen kann.

Das Kind wird schnell und viel über Fragilität erfahren, das heißt, in welcher Weise unterschiedliche Artikel auf burschikoses Werfen in den Einkaufswagen reagieren. Puddingpulver darf geworfen werden, Joghurtbecher »NEIN!«. Auch wenn sich schon fragile Materialien in dem Wagen befinden, ist ein vorsichtiges Hineinlegen der nachfolgenden Ware unerlässlich. Vernachlässigen Sie das ausgeklügelte Stapelsystem im Einkaufswagen, denn das ist Erfahrungssache und nur durch jahrelange Routine möglich. Außerdem wird Ihr Kind sein eigenes System entwickeln, so wie Ihr Mann es auch beim Einkauf entwickelt hat: Ware rein, Kasse, Ware raus.

Die meisten Erfahrungen wird das Kind selber sammeln. Wenn beispielsweise die Hälfte der Einkäufe zu Hause fehlt, das Kind sich aber sicher ist, sie in den Wagen gelegt zu haben, können Sie davon ausgehen, dass ein x-beliebiger anderer Supermarktkunde sich über einen Wagen voller unbekannter, ungewollter Waren freuen kann.

Eine lange Schlange an der Kasse können Sie dazu nutzen, das »Nein« zu üben: »Nein, Julius, leg den Schokoriegel wieder hin.«, »Nein, Mara, du hast Kaugummis zu Hause.«, »Nein, Ohndré, ich brauche die Guluahs.«.

Lehrreich ist es auch, kohlensäurehaltige Getränkeflaschen auf das Laufband zu stellen, anstatt sie zu legen. Wenn sie dann beim ruckartigen Anfahren des Bandes umfallen, erhöht das den Unterhaltungswert zu Hause beim Öffnen.

In den Supermärkten ist Tempo angesagt. Die moderne Technik macht es möglich, dass ein Kassiervorgang schneller vonstattengeht, als ungeübte Kinderhände die Ware auflegen und nach dem Einlesen ins Piepgerät wieder in den Einkaufswagen einsortieren können. Das übt Druck auf die Kleinen aus und erfordert Konzentration und zielgerichtetes Handeln. Zumal sie ohne zu zucken und unter großer Selbstbeherrschung gesenkten Blicks am Süßigkeitenregal vorbei müssen. Guuut. Das stärkt den Charakter.

Nach dem erfolgreichen Verlassen des Supermarkts sollte der Wagen zuerst zum Auto gebracht werden und nicht, wie manch unerfahrenes Kind glaubt, sofort und noch befüllt in die Einkaufswagenreihe eingerastet werden. Zuerst zum Auto. Und die Sachen INS Auto laden. Profis laden die Ware bereits an der Kasse in eine mitgebrachte Tasche, Kinder und »Selteneinkäufer« verstreuen dagegen gern alles weiträumig im Kofferraum. Joghurtbecher zuerst. Lecker.

Ist der Einkauf zu aller Zufriedenheit verlaufen, die meiste Ware noch ganz und keine Träne geflossen, dann ist Ihr Kind bereit, von nun an jeden Einkauf selbstständig zu tätigen. Oder parken Sie es im Auto auf dem Parkplatz. Sparen Sie sich den kleinen Schlitz für die Sauerstoffzufuhr. Erstens könnten so übereifrige Passanten das alleingelassene Kind hören und zweitens schläft es vielleicht in Folge des Sauerstoffmangels ein.

Dann fällt der Startschuss. Nachdem der eigene Einkaufswagen in Windeseile gefüllt ist mit den Dingen, die auf dem Zettel standen (hüstel), muss die kürzeste Schlange an der Kasse angesteuert werden. Ein kurzer Blickwechsel mit der Kassiererin, um zu überprüfen, ob die Kasse gleich eine neue Papierrolle braucht, die Münzen aufgefüllt werden müssen oder Personalwechsel bevorsteht, und dann anstellen. Immer gewahr und startbereit der möglichen Durchsage Folge zu leisten, an eine neueröffnete Kasse zu stürzen. Jede Sekunde zählt.

Das Kind wird schnell begreifen, dass nach jedem erfolgreichen Einkauf eine tolle Belohnung wartet. Der Kühlschrank ist wieder gefüllt mit leckeren Möhrchen, Zucchini und Magerquark, und beim nächsten Mal darf es vielleicht sogar die Plastikflaschen in den Pfandautomaten stecken.

8. KAPITEL

SCHULISCHE AUSBILDUNGSGÄNGE ODER: FERIENFREIE ZEIT

SCHULE UND FERIEN

DER AFZ-VOGEL FÄNGT DEN WURM*

Ich hasse die Zeit vom Aufstehen bis die Kinder in der Schule sind. Ob man um 6:30 Uhr aufsteht oder um 4:25 Uhr, es endet immer in hektischem »Kohommt, wir müssen looos!«. Ich glaube, da ist einfach ein Fehler in der Programmierung. Im Gehirn der Kinder existiert kein verlässlicher Ablaufplan, der sie darauf trimmt, dass am Morgen alles reibungslos abläuft. Das ist definitiv Sache eines Bootcamps: »ANZIEHEN!«, »ISS SCHNELLER!«, »ZÄHNE PUTZEN!«, »HAST DU DEINE SACHEN?«. Und sobald die Kleinen endlich im Auto sitzen, fällt ihnen garantiert ein, dass die Fünf in Mathe noch unbedingt unterschrieben werden muss und sie noch drei Euro für den Ausflug mitbringen müssen.

In dieser Hinsicht sollten sie auf alle Fälle umprogrammiert werden. Aufstehen, Umziehen, Frühstück, Zähne putzen: WAS ist daran SO SCHWER??? Bei manchen fängt es schon mit dem Aufstehen an. Säuselnde Mutterworte und deren sanft streichelnde Hand auf der Schulter des Kindes ziehen oft nur ein mürrisches Umdrehen und Decke-über-den-Kopf-Ziehen nach sich. Manche kinderlose Ratgeberautoren schlagen vor, dem Nachwuchs einfach kaltes Wasser ins Gesicht zu schütten, aber meine Kinder reagieren darauf nur mit drei Schwimmzügen in die Luft und schlafen weiter.

Selbst wenn Ihre Kleinen schon stehen (Applaus), ist das immer noch kein Indiz dafür, dass sie auch wach sind. Schlafen im Stehen, das ist die Paradedisziplin meiner Kinder. Das geht selbst im Badezimmer weiter. Mit offenen Augen, sodass man leicht dem Irrglauben erliegen kann, das Anziehen würde nun rasch vonstatten gehen. Reingelegt. Ein kaum merkliches

** AFZ: Anziehen, Frühstücken, Zähne putzen*

Schwanken und das sonore Schnarchen verrät sie. Ich habe meinem Sohn verzweifelt versucht beizubringen, dass er sich lediglich drei Buchstaben merken muss: »AFZ«. Das klingt bescheuert, ist es auch. Denn es bedeutet einfach: Anziehen, Frühstücken, Zähne putzen. AFZ. Drei pupsige kleine Buchstaben! Um das Anziehen zu beschleunigen, wendet man einen einfachen Trick an: Am Abend vorher die Sachen rauslegen. Könnte man zumindest machen. Allerdings lernt er so ja nie, dass er seine Kleidung selber auswählen muss, und erwartet für den Rest seines Lebens, dass jemand ihm die Klamotten zurechtlegt. Also bereite ich keine Sachen für ihn vor, was ihn aber dazu veranlasst, jeden Tag das anzuziehen, was er am Tag zuvor schon trug.

Beim Frühstück geht es im Schneckentempo weiter. Ich wusste nicht, dass man so langsam seinen Löffel von der Schüssel zum Mund führen kann, und auch nicht, dass die Verpackung der Milch so interessant ist, dass man sich stundenlang mit deren Lektüre aufhalten kann. Na, wenigstens weiß er jetzt genau, was »homogenisiert« bedeutet und kann das auch fehlerfrei aussprechen. Beim Zähneputzen schmiert man ein bisschen mit der Zahncreme rum, betrachtet eingehend seine Socken oder schneidet Grimassen im Spiegel. Bis der elterliche Schrei gefolgt vom Schlüsselklappern durch das Haus schallt: »Kohommt, wir müssen looos!«

UNTERHOSE ÜBER KOPF

Kleidung bietet Eltern und Kindern immer wieder eine tolle Gelegenheit, sich miteinander zu beschäftigen. Bereits als Baby wird das Kind mehrmals am Tag der Hose entledigt, um die Windel zu wechseln. Sobald es laufen kann, wird es für Ausflüge in Matschhose, Jacke und Stiefel eingepackt, danach wieder ausgepackt. Irgendwann beginnt es, diese Tätigkeiten selbst vollziehen zu wollen. »Leine machen.« Ja, soll es doch. Bringen Sie ihm schnell bei, dass es Merkmale an Kleidungsstücken gibt, mit Hilfe derer man sich einigermaßen richtig anziehen kann. Eines nennt sich Etikett. Etikett hinten ist gut. Etikett vorn: Verabredung anrufen, es dauert noch.

Im Zusammenhang mit der richtigen Kleidung steht immer der Zeitfaktor. Ein Kind, das sich selbstständig anziehen will, benötigt dazu Zeit. Und davon reichlich. Planen Sie ruhig ein paar Minuten mehr für den Pulli ein, eine Dreiviertelstunde für Fingerhandschuhe und zwei bis drei Tage für eine Strumpfhose. Schuhe mit Schnürbändern sind in unserer hektischen Zeit Schnickschnack. Klettverschluss und fertig. Schnürsenkel zu binden lernen Ihre Kinder, wenn es wirklich nötig ist. Frauen brauchen das sowieso nie, denn die können direkt von niedlichen Glitzerkinderschuhen übergehen zu adretten Ballerinas, um dann pfeilschnell auf die High Heels zuzusteuern. Keine Bänder und keine Schleife bedeutet: kein Stress in Kinderjahren. Die Zeit, die Sie einsparen, können Sie für die wirklich wichtigen Dinge verwenden.

In der kalten Jahreszeit macht das Anziehen viel mehr Spaß, denn dann benötigt man mehr Kleidungsstücke, also auch mehr Konfliktpotenzial. Das alte Mützenmachtspiel bringt nahezu jede Mutter zur Verzweiflung. Denn eine Mütze MUSS bei entsprechender Außentemperatur aufgesetzt werden. Ohne Diskussion. Schließlich geben wir über den Kopf enorm schnell unsere mühsam angefutterte Körperwärme ab. Kinder sollten schon in frühester Säuglingszeit lernen, dass eine Mütze unabdingbar ist. Das geht. Setzen Sie positive Anker. Begleiten Sie das Mützeaufsetzen mit einem Lied, loben Sie das Kind, seien Sie nett und geduldig. Und formulieren Sie positiv: »Die Mütze bleibt auf« statt »Nicht die Mütze abnehmen«. Denn unser Gehirn löscht das »nicht« und übrig bleibt: »Die Mütze abnehmen.« Ist so.

Wenn wir nun also geschickt um das Festtackern der Mütze an den Kinderkopf herumgeschifft sind und auch auf den zu straffen Gummi unter dem Kinn verzichten konnten, widmen wir uns den Handschuhen. Fingerhandschuhe, ich erwähnte es bereits, gehören zu den diffizilsten Kleidungsstücken, was das Anziehen betrifft. Jeder Finger bekommt ein Loch zugewiesen, aber das zu treffen ist schwierig, wenn man den Sinn dessen noch nicht begreift, geschweige denn über ausreichend feinmotorische Fähigkeiten verfügt. Ich bin aus meiner Verzweiflung heraus dazu übergegangen, den Kindern die Fingerhandschuhe als Fäustlinge überzustreifen. Fertig.

Kennen Sie das Problem, wenn der Pulliarm wieder mal beim Jackeanziehen bis zur Schulter hochgeschoben wurde? Und Sie dürfen dann mühsam in den Größe-110-Anorak mit spitzen Fingern den Arm hinaufkriechen, um den Ärmel zwischen Zeige- und Mittelfinger zu greifen und hinunterzuziehen? Also bitte: Bringen Sie dem Kind bei, wie es den Pulli am Saum mit der Hand festkrallt und dass es ihn erst DANN in den Jackenärmel stecken darf. Zeitersparnis: 7 Minuten, 43 Sekunden.

Im Sommer ist es einfacher: das Kind in einen Topf Sonnencreme tunken und vor die Tür jagen. Na gut, ziehen Sie ihm ein Höschen über. Und ein Basecap. Meinetwegen auch noch feste Schuhe, falls der Asphalt zu heiß ist oder Sie am Rande eines Wespennests nahe einem Bienenstock leben. Aber nu ist gut.

Kleidung erfüllt einen funktionellen Zweck: Sie schützt vor Kälte, vor Hitze und vor Dornensträuchern. Es gibt Klamotten, bei denen es Mama egal ist, ob sie in Fetzen am Kind herunterhängen, während es sein blutendes Knie präsentiert. Und es gibt Kleidungsstücke (meist mit Rüschen oder zierlichen Stickereien), bei denen ein winziger Schokoladenfleck Mamas Gesicht puterrot werden lässt und man sich schleunigst in die entfernteste Ecke des Kinderzimmers verkrümeln sollte.

Die Entscheidung, welche Sachen das Kind trägt, liegt in den ersten Jahren noch bei der Mutter. Die Väter lasse ich hierbei mal außen vor, denn die sind ja schon froh, wenn sie eine erfolgreiche Entscheidung zwischen ihrem blauen und ihrem weißen Hemd getroffen haben. Die Mutter hat es also in der Hand, das Kind in seiner modischen Wahrnehmung zu beraten, zu formen und ihm ihren Geschmack aufzudrängen.

Bringen Sie Ihrem Kind bei, welche Art Kleidung es wann tragen darf. Orientieren Sie sich an Ihrem eigenen Geschmack und weisen Sie Ihr Kind auf die Gefährlichkeit von im Schritt tief hängenden Hosen hin für den Fall, dass es mal schnell laufen muss oder sich hinsetzen will. Vergessen Sie nicht zu erwähnen, dass die Nierchen immer geschützt sein müssen, weil sonst der sichere Tod ins Haus steht. Kaufen Sie nur Kleidung, die Sie auch bereit sind – egal, in welcher Kombination –, an Ihrem Kind zu sehen; denn das Kind wird versuchen, seine eigenen Kreationen zusammenzustellen. Wenn Sie sich in eine Richtung orientieren, was Farbe und Stil angeht, kann Ihr Kind sich austoben, ohne dass Sie ihm einen Zettel an den Rücken kleben müssen mit der Aufschrift: »Ich trage diese Sachen, obwohl meine Mutter es verboten hat.«

Da wir schon beim Thema Kleidung sind: Es gibt eine Zeit im Leben eines jeden Kindes, in der es lernen muss, mit seinem Schrank und dessen Inhalt selbstständig umgehen zu können. Das heißt, dass Klamotten entnommen werden, ohne dabei den ganzen Stapel herauszureißen. Und dass Kleidungsstücke flach besser übereinandergestapelt hineinpassen als in Klumpen. Wann dieser Zeitpunkt gekommen ist, hängt stark von dem jeweiligen Kind und dessen Geschlecht ab, aber auch von der Frage, ob es für den Rest seines Lebens auf Personal zurückgreifen können wird. Ein achtjähriges Mädchen ist häufig eher in der Lage, den Umgang mit seinem Kleiderschrank vernünftig zu gestalten als ein egal wie alter Junge. Aber wieso sollte sich der Hugahugasteinzeitmann auch mit dem Stapeln der Felle aufhalten, wenn er doch mit Speer und Schleuder die Nahrungsversorgung des Stammes sichern musste?

SCHULWEG, KIND WEG

Bewegung als Ausgleich für das Stillsitzen im Klassenzimmer ist so unendlich wichtig für die Kleinen. Und Radfahren können sie dank der Erfindung des Laufrades auch, sobald sie aus dem Kinderwagen gefallen sind. Also, was liegt da näher, als sie jeden Morgen in die Schule radeln zu lassen? Sie kommen mit sauerstoffversorgtem Gehirn an und sinken erschöpft und glücklich (ausreichend ausgeschüttete Endorphine) auf ihren Stühlen zusammen.

Der Schulweg muss zügig zurückgelegt werden und darf nicht als »der Weg ist das Ziel« missverstanden werden. Er führt auch nicht über die Wohnsitze der Klassenkameraden, wo man für ein zweites, drittes und viertes Frühstück einkehren kann. Das betrifft sowohl Hin- als auch Rückweg. Ein Kind muss lernen, dass jeder Mensch, der ihm auf dem Schulweg begegnet, ein potenzieller Kinderschänder oder Serienmörder ist und mit einem gezielten Stromschlag aus dem Elektroschocker einfach zur Strecke gebracht werden darf. Ein oder zwei *Freddy Krueger*-Filme oder ähnlich geartete Horrorstreifen können schon ausreichend Aggressionspotenzial freisetzen.

Geben Sie Ihrem Kind genügend Nahrung mit, nicht nur, damit es auf dem Weg nicht immer bei Klassenkameraden nach frischen Brötchen bettelt.

Falls es doch einmal vom rechten Weg abweicht, sollte es genug zu essen dabeihaben und sich nur noch um ein warmes Plätzchen für die Nacht kümmern müssen.

SCHULSACHEN

Kommt ein Kind in die Schule, bedarf es einiger Anschaffungen. Ein Schulranzen muss her. Reden Sie Ihrem kleinen Thronfolger ein, dass rosafarbene Schulranzen mit Blümchen- oder Prinzessinnenapplikationen für einen Erstklässler völlig in Ordnung sind, dann kann er den abgelegten Ranzen der älteren Tochter weiter benutzen.

Schulranzen müssen stabil sein, um als Sitzgelegenheit und auch als Wurfgeschoss dienlich sein zu können. Sie müssen sich möglichst selber verschließen und sollten sich von den Ranzen der Klassenkameraden deutlich unterscheiden. Um später hohe Arztkosten infolge von Wirbelsäulenverkrümmung zu vermeiden, sollten die Kinder ihren Ranzen von Zeit zu Zeit leeren. Was Sie dabei finden, muss meist erst auf Besitzrecht überprüft werden, denn im Laufe eines Schuljahres wandern schon mal fremde Radiergummis, Stifte, Überraschungseiinhalte oder anderes Spielzeug in den eigenen Ranzen. Das muss so sein, das war schon immer so. Deswegen sollten heutzutage auch jeder Bleistiftstummel und jede Füllerpatrone mit dem Namen des Eigentümers beschriftet werden. Bei großen Klassen kann das am Ende des Schuljahres schon mal in eine regelrechte Tauschbörse ausarten.

Radiergummi und Tintenkiller dienen dazu, Fehler wieder auszubessern. Den mütterlich gut gemeinten Hinweis bei den Hausaufgaben, erst NACHZUDENKEN, bevor man schreibt, können Sie getrost stecken lassen: Es ist nämlich ein tolles Gefühl, wenn man Fehler ohne größere Konsequenzen wieder rückgängig machen kann. Fehler und weg, Fehler und weg, Fehler und … Das Kind lernt dabei auch, dass Papier aus mehreren Schichten besteht und dünner werden kann. Um dem Radier- und Killerwahn Einhalt zu gebieten, nehme man einen extrem harten Radiergummi, der das Papier beim ersten Ansatz zerfetzt, und erkläre, dass der Tintenkiller gesundheitsschädliche Stoffe enthält, die gerade für Kinder extrem gefährlich seien. Oder man enthält ihnen Killer und Radiergummi vor, verschweigt deren Existenz und spielt sich als Zauberer auf, indem man Tinte mit einem Killer verschwinden lässt.

Meine Kinder sind der Meinung, Hefte könne man auch mal gefaltet in den Ranzen stecken und Knicke seien doch eher avantgardistisch als hässlich.

Außerdem kauft Mama doch sowieso alle halbe Jahre neue. Ich sehe das anders. Mutwillig oder fahrlässig zerfledderte Schnellhefter müssen vom EIGENEN Taschengeld finanziert werden. Überhaupt sollte das Schulkind in der Lage sein, seine Sachen so zu behandeln, dass sie am Ende des Schuljahres wenigstens noch ansatzweise ihrem ursprünglichen Aussehen ähneln.

Federmäppchen sehen so hübsch aus, wenn sie neu sind und sich alle Stifte in Reih und Glied an ihrem Platz befinden. Aber Federmäppchen sind da nicht so. Sie ertragen geduldig, wie Stifte achtlos übereinander oder neben die vorgesehenen Gummihalterungen gestopft werden und sich die Farbe des Mäppchens nach und nach von Bunt in Schwarzbraun ändert. Füller laufen aus, dreckige Finger schmieren sich in einem

Reigen mit den Bleistiften an der Innenseite ab und Scheren oder Zirkel zerfetzen das Innenfutter. R.I.P., Federmäppchen.

HAUSAUFGABEN

Hausaufgaben sind in den meisten Familien ein Graus. Nach einem harten »Arbeitstag« in der Schule soll das Gehirn nun noch weiterdenken. Ja, so ist das nun mal. War bei uns nicht anders. Hausaufgaben sollten meiner Meinung nach völlig allein, zügig, ohne Mithilfe der Eltern und mit nur EINER Aufforderung bewältigt werden. Ein Kind, das diese Verhaltensregeln beherrscht, wird von den Eltern geliebt und bekommt regelmäßig etwas zu essen.

Es ist auch deshalb ratsam, die Hausaufgaben ohne Mithilfe der Eltern zu erledigen, weil das Kind durch inkompetente Rückfragen aufgrund mangelnder elterlicher Bildung nur verwirrt werden würde. Der Stoff der ersten zwei Grundschuljahre ist für Eltern noch relativ einfach zu begreifen. Aber schon allein der Sachkundeunterricht in der dritten und vierten Klasse übersteigt das Bildungsniveau mancher Erziehungsberechtigter um einen Längen- und einen Breitengrad, wie man an einschlägigen TV-Formaten mitten am Tag mitten im Leben sehen kann.

Kinder müssen lernen, Informationen selbstständig zusammenzutragen. Habe ich »Kinder« gesagt? Selbstverständlich sind die ELTERN dazu gezwungen, Informationen über Kartoffeln, die Steinzeit oder Igel zu recherchieren. Oder Sie verwenden ihre gesamte Freizeit darauf, Ihrem Kind beizubringen, wie es sich in den unendlichen Weiten des Internets zurechtfindet. Aber dazu mehr im Kapitel über den sinnvollen Gebrauch des Internets.

Kinder sollten ihre Hausaufgaben an einem ruhigen Ort machen, aber es schadet auch nicht, wenn sie ihre Mutter nebenbei beim Kochen beobachten können und sich Rezepte und Kochvorgänge parallel einprägen.

FERIENENDE

Juchhu, Sommerferien!!! Die Schultaschen fliegen in die Ecke und beginnen mit der Verwesung. Jetzt aber schnell die Pausenbrotreste ausleeren, sonst bildet sich Schimmel.

Die Euphorie hält jedoch nicht lange an. Schon am nächsten Morgen, dem ersten von 42 endlosen Ferientagen, ärgert sich das kleine Organisationsgenie darüber, dass es sich nicht informiert hat, welcher der Freunde in den Ferien zu Hause ist. Die Telefonliste wird abtelefoniert und heulend bis zur letzten Nummer ausgequetscht.

Nun könnte ich behaupten, Kinder müssten lernen, mit Frustrationen umzugehen. Aber die Leidtragenden bei dem Ganzen sind doch wieder wir Eltern, die ihre gelangweilten, unterforderten Kinder zu Hause auf der Couch liegen haben, die Finger fest um die Fernbedienung gekrallt. Kinder in der freundelosen Zeit sind ein Graus. Unkreative Kinder in der freundelosen Zeit sind eine Katastrophe. Also bleibt Ihnen wohl nichts anderes übrig, als in den Urlaub zu fahren. Viel Spaß, und schicken Sie Ihren Kindern eine Ansichtskarte.

Nach sechs Wochen, von denen man vielleicht eine bei Oma am anderen Ende des Landes verbracht hat und eine in der örtlichen Jugendzentrumsbespaßung, ist die schreckliche, inhaltsarme Zeit auch schon wieder vorbei. Dann werden die Ranzen gepackt, Stifte gespitzt, Füller gefüllt, Frühstücksboxen ausgewischt und die Turnhose im Sportbeutel wird endlich gegen eine in der richtigen Größe gewechselt. Außerdem werden restriktive Maßnahmen ergriffen, die den bevorstehenden Wiedereintritt in den Schulalltag erleichtern sollen. Eine Woche vor Ferienende werden die Kinder um sechs ins Bett geschickt und zwölf Stunden später liebevoll geweckt. Am nächsten Tag wieder und darauffolgend wieder … und schließlich freuen sie sich, wenn sie bei Schulanfang erst um halb sieben aufstehen müssen.

Man kann die schmerzliche Umgewöhnung an den harten Schulalltag natürlich umgehen, indem man in den Ferien ebenfalls einen straffen und geregelten Zeitplan verfolgt: früh aufstehen, drei Stunden Hefte des alten Schuljahres durcharbeiten, warmes Mittagessen auf den Tisch, nachmittags Wohnung aufräumen oder Reparaturen an der Familienbehausung vollziehen, abends zeitig schlafen gehen. Und zwischendurch den Eltern auf dem Feld helfen.

9. KAPITEL

SOZIALE KOMPETENZ FÜR DUMMIES

REGELN, GERECHTIGKEIT UND MORAL

DER THRON DES NACHFOLGERS IST IMMER GRÜNER ALS DER EIGENE

Eine schwangere Erziehungsberechtigte zu haben bedeutet für ein Kind, dass es von nun an auf sich allein gestellt ist. Es muss lernen, sich ab dem Wachsen des Bauches mit Stimmungsschwankungen der Trächtigen auseinanderzusetzen. Es muss lernen, dass ein gewölbter Bauch wichtiger sein kann als es selbst. Wenn sich alle Welt nach dem Befinden des unbekannten, unsichtbaren Wesens darin erkundigt. Aber dann, kurz bevor der Bauch zu platzen droht, ist er da. Der Feind. Er hat nicht nur seinen Wirt dazu gebracht, immer die leckersten Sachen aus dem Kühlschrank verschwinden zu lassen, sondern auch dafür gesorgt, dass »Nummer eins« (man selbst) nicht mehr getragen wird, sich selber die Schuhe anziehen muss und dass man nun ein niedliches Bettchen randvoll mit neuen Kuscheltieren im Zimmer stehen hat, das ganz bestimmt nicht für einen selbst bestimmt ist.

Wer mag es dem oder der Kleinen da verdenken, dass hinter der vorgespielten Freude beim Anblick des frisch geschlüpften Geschwisterchens in Wirklichkeit mehr als bösester Argwohn steckt? In einem unbeobachteten Moment wirft es dem unschuldig glucksenden Säugling einen bitterbösen Blick mit zu Schlitzen verengten Augen und fest zusammengepressten Lippen zu.

Nach einer Weile bemerkt »Nummer eins«, dass ihm das neue, glucksende Ding in Bezug auf seine Spielsachen nicht gefährlich werden kann. Das kann ja GAR nichts. Liegt nur da, schläft, pinkelt in hohem Bogen Mamas Bluse voll und hängt den ganzen Tag IN Mamas Bluse. Mooooment. Hängt an Mamas Busen, wird getragen, der gesamte Tagesablauf richtet sich nach ihm? Da läuft doch was falsch.

GRENZGÄNGER

Kinder müssen ihre eigenen Grenzen kennenlernen. Sowohl die körperlichen als auch die geistigen. Grenzen sind immer dort zu setzen, wo man sich mit Diskussionen nur im Treibsand bewegen würde. Kleben Sie mit einem Klebeband ein Rechteck auf den Boden. Sagen Sie dem Kind, es dürfe nicht aus dem Rechteck heraustreten. Manche Kinder bleiben brav hinter dem Klebeband stehen und manche treten darauf, weil sie die Grenze für sich erst ab dem äußeren Rand des Klebebandes definieren, sprich: es ja doch wohl noch zum Innenraum gehört. Klugscheißeralarm.

Dann nehmen Sie ein Seil und legen es in einem geschlossenen Kreis oder Rechteck auf den Boden. Gebieten Sie dem Kind, es möge sich nur im Inneren des abgegrenzten Bereiches bewegen. Was glauben Sie, wie es reagiert? Wird es brav darin herumlatschen? Oder wird es versuchen, die bewegliche Begrenzung mit der Fußspitze ein wenig zu verschieben, damit es mehr Platz hat? Probieren Sie es aus. Sie werden sehen, welche Einstellung Ihr Kind zu Grenzen hat.

Das ist natürlich nur ein Spiel und Rückschlüsse auf das wahre Leben kann man dabei nicht unbedingt ziehen, aber das Kind bleibt wenigstens mal ein paar Minuten da, wo Sie es abgestellt haben.

Körperliche Grenze: Halte deine Extremitäten bei dir. Vermeide schnelle und unkontrollierte Bewegungen, wenn sich andere Menschen in der Nähe befinden. Ein plötzlich ausgestoßenes »Au« deines Kontaktpartners deutet auf eine Überschreitung deiner Grenzen hin und ist sofort mit einem »Entschuldigung« zu bedauern.

Wisse, dass Erwachsene nicht unbegrenzt belastbar sind. Sie bekommen ebenso blaue Flecken und fangen an zu bluten, wenn man sie aufschneidet.

Wisse, dass alle anderen Verkehrsteilnehmer verschiebbare Grenzen haben. Ein Auto schiebt dich einfach weg und ebenso der dicke Herr Unger bei seinem Nachmittagsspaziergang. Halte immer Abstand zu anderen, dann bleiben deine körperlichen Grenzen unversehrt.

Wisse, welche Höhe ungesund für dich ist.

Wisse, welche Höhe ungesund für dein Geschwisterchen ist.

Geistige Grenzen: Lege dich nie mit einem angespannten Erwachsenen an, übe dich in Geduld und akzeptiere das »Nein« als unumstößliche Negierung deiner Anfrage. Nein heißt NEIN. Meistens zumindest. Also oft. Auf jeden Fall manchmal.

Ordne dich in der Familie unter. Als Kind hast du die ersten Jahre sowieso nichts zu melden.

Akzeptiere eine Anordnung ohne Diskussion. Widerworte laufen möglicherweise auf Fernsehverbot hinaus.

Passe deinen Lautstärkepegel dem deiner Eltern an. Nein, doch nicht. Sei lieber still.

Verkneif dir den Spruch: »Ich kann doch eh nicht ins Gefängnis kommen, weil ich noch ein Kind bin.« Deine Eltern haben sich nämlich bei deiner Geburt den Schlüssel für den Kellerraum ganz hinten geben lassen.

WART EIN WEILCHEN!

Kinder erwarten, dass ihre Bedürfnisse sofort und ohne Zeitverzögerung befriedigt werden. Das sind sie gewohnt, seit sie offiziell existieren. Schon im Bauch hatten sie alles, was das Herz begehrt: Liebe, Essen, Schlaf. Und dann, auf der Welt, ging es weiter. Bei jedem Hicks bekamen sie Brust oder Flasche ins hungrige Mäulchen gestopft. Sie schliefen, wenn sie müde waren, und mit Liebe und Kuscheleinheiten wurden sie sowieso überschüttet. Da ist es doch nicht verwunderlich, dass sie erwarten, es würde ewig so weitergehen.

Ich selber habe große Probleme damit, meinen Kindern zu vermitteln, dass ich jetzt NICHT nach den Bügelperlen suchen kann oder dass ich jetzt NICHT meinen Toilettengang unterbreche, um einen Schnürsenkel zuzubinden. Kinder sind Egomanen. Und wir haben sie dazu gemacht. Nun ist es an der Zeit, sie langsam an das harte Leben zu gewöhnen. Oder wie fänden Sie einen ausgewachsenen Kunden in der Kfz-Zulassungsstelle, der mit seinem eben erst gezogenen Nümmerchen vor dem Schalter wedelt und schreit: »Ich bin dran, ich bin dran!«

Die ständige Bereitschaft der Eltern kann für diese sehr zermürbend sein. Immer mit einem Ohr am Unruheherd. Immer bereit, aufkommendes Chaos bereits im Keim zu ersticken. Aber nur bis zum nächsten »Mama, wo ist?« und »Mama, kannst du mal …« oder »Mama, ich brauche noch …« und »Mama, der Dorian hat …«.

Warten zu lernen ist für Kinder unerlässlich. Wenn Sie es geschafft haben, Ihre Kleinen in einer Wartesituation in den Stand-by-Modus zu schalten, haben sie einen großen Teil Ihres Lebens wieder zurückerhalten.

Um die kindliche Ungeduld wenigstens für mich erträglich zu gestalten, habe ich meinen Kindern auferlegt, dass sie, sobald sie ein Bedürfnis oder einen Wunsch verspüren, erst einmal in Gedanken bis zehn zählen sollen und DANN erst sagen, was sie wollen. Vielleicht hat sich nämlich ihr Wunsch bis dahin sowieso schon erfüllt oder der Erwachsene hat zumindest seine bis dahin ausgeübte Tätigkeit abgeschlossen.

Ein Beispiel am Tisch: Die Mutter verteilt gerade das Essen auf die Teller. Das Kind droht mit einem ununterdrückbaren Bedürfnis, einem Bedürfnis, das subjektiv existenzielle Auswirkungen auf sein weiteres Leben hat, die Essensausgabe zu unterbrechen, indem es nach Apfelsaft fragen möchte. Nun gibt es drei Möglichkeiten:

1. Die Mutter wirft die Kelle mit der dampfenden, gerade geschöpften Nudelsoße hinter sich, greift nach dem Apfelsaft und injiziert dem mit dem Austrocknungstod ringenden Kind gekonnt und routiniert die lebensrettende Flüssigkeit.

2. Die Mutter beschwichtigt das dem Austrocknungstod nahe Kind mit einem »Gleich« und schöpft in Seelenruhe weiter.

3. Das Kind zählt in Gedanken bis zehn und äußert dann leise und höflich seine Bitte. Bis dahin hat die Mutter das Verteilen des Essens möglicherweise abgeschlossen und ein ruhiges und entspanntes Mahl kann mit Apfelsaft in JEDEM Glas und Soße auf JEDEM Teller beginnen.

Kinder müssen lernen, dass Warten zum Leben dazugehört. Die Frustration des Nichtstuns zu ertragen. Dass man sich die Wartezeit mit kleinen Spielchen vertreiben kann – die Wand anzustarren ist auch mal nicht schlecht. Eltern verfügen in solchen Momenten über ein Smartphone, Handy oder andere elektronische Leckereien. Aber, HEY, das haben sie sich auch verdient. Schließlich haben Erwachsene als Kinder oft genug gewartet.

DIE POLIZEI WIRD'S SCHON RICHTEN

Im Zusammenleben mit Ihren Kindern werden Sie irgendwann merken, dass Sie keine Macht mehr über sie besitzen. Freunde werden die Herrschaft über das Gehirn Ihres Kindes übernehmen. Sie werden ihm suggerieren, nachts über den Zaun des Freibads klettern zu müssen; sie werden Ihren wehrlosen kleinen

Pickelgesichtern bunte Lackspraydosen in die Hand drücken und sie aus der Gruppe auszuschließen drohen, wenn sie nicht eine Packung Kondome direkt vor der Supermarktkasse klauen. Spätestens, allerspätestens bis dann sollten Sie Ihren Kindern gehörigen Respekt vor steuergeldlich entlohntem Sicherheitspersonal beigebracht haben, das für die Einhaltung der gesetzlich vorgegebenen Regeln sorgt: der Polizei.

Schon im Kleinkindalter kann dieses Vertrauen in Staatsdiener durch das Spiel mit Puppen, also im Rollenspiel, gefestigt werden. Hilft nicht immer der Polizist in der schicken Uniform dem Kasperle gegen das böse, handpuppenfressende Krokodil? Ist nicht der Polizist derjenige, der bei allen Problemen hinzugezogen wird und den Räuber Hotzenplotz letztendlich ins Gefängnis steckt? Und werden nicht Lehrer bis zu einem bestimmten Alter vergöttert (das ist abhängig vom Alter der Kinder, nicht der Lehrer)? Oder der Trainer beim Sport? Alle Menschen im Leben eines Kindes, die ihm etwas sagen dürfen, DÜRFEN ihm auch etwas sagen. Das hat etwas mit »Erwachsene sind per se schlauer als Kinder« und »Komm du mal in mein Alter« zu tun.

Kinder bauen ein großes Vertrauensverhältnis zu ihren Lehrern oder Trainern auf. Das bedeutet, dass uns die schönsten Dinge abgenommen werden. Wie gern würden wir doch einmal das Kind mit einer Trillerpfeife zum Sich-schneller-Bewegen anspornen. Und wie gern würden wir einmal sagen: »Wenn du noch einmal den Leon ärgerst, schreib ich deinen Eltern einen blauen Brief« – und schon versinkt das Kind ehrfurchtsvoll unter seinem Tisch und bleibt den Rest der Stunde ruhig.

Wenn wir es geschickt anstellen, können wir andere Menschen benutzen, um unsere Kinder zu manipulieren. Wir müssen nur gut vorbauen, das heißt, wir müssen dem Arzt die Bewunderung zollen, die er verdient hat, wir müssen den Kindern Gefängnisse von innen zeigen, damit sie wissen, WARUM sie auf den netten Polizisten hören sollen, und wir müssen ihnen schlechte Realitysoaps im Fernsehen zeigen, bei denen Versicherungsbetrüger entlarvt, Drogenschmuggler aufgedeckt werden und minderjährige Vandalen stundenlange Gespräche mit Straßensozialarbeitern führen.

Und am Ende des Tages stellen wir dann fest, dass unsere Kinder auf alle anderen besser hören als auf uns. Willkommen in der Pubertät.

WAS RECHT IST, SOLL RECHT BLEIBEN

Es ist generell eines der schwierigsten Unterfangen, Kindern ein Gespür für Gerechtigkeit zu vermitteln. Dabei kann man sich leider nicht ausschließlich auf Autoritätspersonen im Dienste des Staates verlassen.

Denn was Gerechtigkeit ist, kann man nicht nur an im StGB niedergeschriebenen Gesetzen festmachen, das Gefühl dafür entspringt auch tiefverwurzelten Moralvorstellungen einer jeden Kultur. Kindern einen Sinn für moralische oder soziale Gerechtigkeit einzupflanzen, bedeutet, ihnen entsprechende Verhaltensweisen vorzuleben, seine eigenen Vorstellungen von Gerechtigkeit an sie weiterzugeben.

Das kann allerdings auch schnell nach hinten losgehen. Denn wenn Eltern ihre Kinder zu kleinen Advokaten erziehen, indem sie selber penibel darauf achten, dass die Kuchenstücke exakt die gleiche Sektorlänge haben und sich auf jedem Stück die exakt gleiche, genau abgezählte Menge von Schokostreuseln befindet, sind Ihre Kinder leicht davon zu überzeugen, dass Gerechtigkeit eine überlebenswichtige Verhaltensweise ist, um in der Welt da draußen gegen Panzerknacker, Batman und Gargamel bestehen zu können.

Wie sehr Sie nun das Gerechtigkeitsempfinden Ihrer Kleinen schärfen, bleibt natürlich Ihnen selbst überlassen. Aber bedenken Sie, wie raketenhaft sich Ihr neunjähriger Sohn aus dem mühsam erkämpften neuen Freundeskreis herauskatapultiert, wenn er bei jedem Miniverstoß gegen Spielregeln schulmeisterlich den Finger hebt oder bei der Verteilung von kleinen bunten Schokodrops in gierige Kinderhände hysterisch aufschreit: »Der hat aber einen Smartie mehr!«

Das leuchtet ein, stimmt's? Ja, mir auch, und während ich das schreibe, zähle ich nebenbei einzelne Chips in zwei Schüsselchen.

ERPRESSEN WILL GELERNT SEIN

Kinder fassen oft die elterliche, gut durchdachte, konsequente Erziehung völlig falsch auf. Sobald ich sage: »Du darfst erst fernsehen, wenn du dich bettfertig gemacht hast«, verstehen meine Lieben das als eine infame Erpressung. Oder wenn ich um Aufräumen des Zimmers bitte und nach ausgefeilter pädagogischer Manier androhe, dass alles, was noch herumliegt, in einen Sack gepackt und eingezogen wird, schreien sie nach Amnesty International! Was mache ich falsch? Ich bin doch nur konsequent.

Meine Kinder sind dann ebenso konsequent mir gegenüber: »Mama, wenn ich das nicht gucken darf, mache ich keine Hausaufgaben.« Oha.

Kinder lernen schnell. Schneller, als uns lieb ist. Plötzlich drehen sie den Spieß um und wir finden uns in einer erstklassigen »Erst, dann«-Erpressung wieder. »Mama, erst musst du mir einen Zopf machen, dann zieh ich mich an.«

Hatten wir nicht im Erziehungsratgeber in Kapitel 16 oder 27 gelernt, dass Kinder einen kleinen Ansporn gar nicht schlecht finden, um das Zimmer aufzuräumen? Denn erst dann darf die Freundin zu Besuch kommen, erst dann wird wieder Essen gereicht oder sie dürfen das Auto endlich waschen. In einer allzu demokratischen Familie sehen sich Kinder gern als ebenbürtige Diskussionspartner. Fail. Das geht nicht. Irgendwo ist Schluss.

Wir erziehen den lieben langen Tag an den Kindern herum, drohen, versprechen, versuchen, sie auszutricksen. Und meistens klappt das auch. Nicht immer schaffen wir es, diese Maßnahmen pädagogisch korrekt in »Ich-Botschaften« oder mit Erklärungen der natürlichen Konsequenz zu verpacken. Aber was zählt, ist das Ergebnis: Wenn hier jemand erpresst, dann bin ich das. Ende.

SCHULDFRAGE GEKLÄRT

Kinder fühlen sich immer schuldig. Das muss so sein, das hat mit ihrer nahezu vom Wahnsinn befruchteten Egozentrik zu tun. Sie beziehen alles auf sich, können noch keine Empathie empfinden. Kinder können nicht abstrahieren, sie können sich nicht in andere hineinversetzen, sie nehmen alles persönlich und deswegen sind sie immer schuld.

Ist das nun gut oder schlecht? Ist es nicht toll, wenn man immer einen Schuldigen hat? Faktisch gesehen sind sie ja tatsächlich schuld an meinen Brüsten, die nun ausgezutschelt und leer an meinem Bauchnabel entlangschwingen. Faktisch gesehen sind sie schuld an einer gewissen körperlichen Veränderung, die anderen Anlass zu den tröstenden Worten gibt: »Na ja, sie hat zwei Kinder.« Faktisch gesehen sind sie schuld am entschwundenen Sexualleben aus meinem Schlafzimmer, Wohnzimmer und meiner Küche.

Faktisch gesehen kann man die lieben Kleinen tatsächlich für so viele Dinge verantwortlich machen: nur noch während der Schulferien in den Urlaub fliegen, zugemüllte Kinder- und Jugendzimmer, in Ruhe Essen gehen – was ist das? – und ein auf Eltern mit Kindern beschränkter Freundeskreis. Aber all das dürfen wir ihnen natürlich nicht vorhalten. Brauchen wir auch nicht, denn sie beziehen sowieso jeden Seufzer auf sich.

Kinder wollen perfekt sein, sie wollen gut sein und wir Eltern üben zusätzlich einen enormen Druck auf sie aus, indem wir versuchen, ihnen gute Eltern zu sein.

Das klingt paradox und ist es auch. Wie sollen wir denn umgehen mit dieser enormen Verantwortung? Wenn ich sage: »Du musst deine Schuhe jetzt anziehen«, dann übe ich Druck auf das Kind aus. Es »muss« etwas machen, damit es »ein gutes Kind« ist. Ich spreche mich nicht frei davon, dass ich meine Kinder manchmal unter Druck setze, um etwas zu erreichen. Schließlich gilt allgemein: »Ich Chef, du Kind.« Ich möchte aber auch keine verschüchterten Psychopathen heranzüchten, die geduckt und mit gesenktem Blick durch die Welt laufen. Die ständig Angst haben, etwas falsch zu machen. Dieser Drahtseilakt ist schwierig.

Irgendwann beginnen Kinder zu begreifen, dass sie viel besser damit fahren, wenn sie anderen die Schuld geben. Dann werden unsichtbare Freunde für das Lichtbrennenlassen im Bad verantwortlich gemacht, Geschwister sind per se immer schuld und über die Hausaufgaben haben sich nachts die Silberfischchen hergemacht. Übersinnliche Kreaturen halten Einzug in die Wohnung. Sie räumen die Spülmaschine plötzlich wieder mit dem sauberen Geschirr ein, tragen Dreck in den Flur und werfen Schuhe im Eingangsbereich übereinander.

Wie kann man dem Einhalt gebieten? Ich habe mich einfach mal aus Versehen auf den unsichtbaren Freund meines Sohnes draufgesetzt. R.I.P. Carl.

HEIA, BUBU, WAU WAU, HAPPAHAPPA, A-A MACHEN, NULLI, MUH, BAH

Fehlende Kommunikation dient als wunderbarer Nährboden für Missverständnisse. Deswegen sollte ein Baby schnell lernen zu reden, anstatt immer nur zu schreien. Manche Mütter behaupten ja, sie erkennen an der Art des Schreiens, was ihr Baby hat. Pah, ich nicht. Das Schreien meiner Kinder war für mich immer nur laut und lang.

Kommunikation zwischen Eltern und Kindern ist wichtig. Eltern geben ihren Kindern so das Gefühl, angenommen und akzeptiert zu sein. Aber manchmal ist es einfach ZU langweilig, wenn uns die Kinder ihre »... und dann hat die Lehrerin ... und dann hab ich ... und dann ... nein, doch anders ... also der Louis hat dann ...«-Erlebnisse berichten. Erwachsene haben selten die Muse, den Kleinen zuzuhören. Entweder müssen sie gerade die Einkaufsliste schreiben, sie flitzen von Waschmaschine zu Bügelbrett oder sie haben den Kopf mit tausend anderen Dingen voll.

Unsere Kinder sollten deshalb lernen, dass sie sich Gehör verschaffen müssen, wenn es um etwas WIRKLICH Wichtiges geht. Das wären die Dinge, die uns Eltern unmittelbar betreffen, zum Beispiel Krankheit oder etwas, was wir der Versicherung melden müssen, oder wenn es um Verhütung geht. Was der Max in der Schule gemacht hat und dass die Trinkflasche zur Hälfte ausgetrunken wurde … tja, das ist für uns viel beschäftigte Hans Dampfe der legendäre Sack Reis in China.

Sobald Kinder gelernt haben zu sprechen und wir Erwachsene ihnen auch noch das Gefühl vermitteln, dass sie das Recht hätten, immer und überall ihre Meinung beizusteuern oder einem ständig diese Geschichten mit »Also … und dann … und dann … und dann …« ans Ohr zu tackern, wird es Zeit, ihnen den Spaß an einem ganz bestimmten Spiel zu vermitteln: »Wer als Erster redet, hat verloren!« Funktioniert prima. So zwei bis drei Sekunden lang.

Ein ganz wichtiger Punkt ist bezüglich der Sprachentwicklung unbedingt zu beachten: Sprechen Sie um Himmels willen NORMAL mit Ihrem Kind. Es scheint fast schon ein angeborener Sprachdefekt, wenn Eltern mit ihren Kindern in höheren Tonlagen reden, aber Kinder nehmen diese tatsächlich aufmerksamer wahr. Das könnte daran liegen, dass die hohen Töne über weite Strecken besser zu hören sind und so in Urzeiten mit ihnen schneller vor Gefahren gewarnt werden konnte. Aber das ist nur eine Vermutung. Ich glaube eher, dass eine hohe Stimmlage in Wirklichkeit uns Umstehende unterhalten und belustigen soll. Es gibt doch nichts Amüsanteres, als eine Mutter hoch flötend und im wilden Melodie-auf-und-ab im monologischen »Zwie«-gespräch mit ihrem Baby zu beobachten: »Ei, was hattu da? Da hattu aber feines Puppi. Magst du Puppi? Neeeein? Nix Puppi? Oooooh, nix Puppi Kopf abmachen! Nich machen, tut Puppi weeeh! NICH MACHEN! PUPPI AUA! … Oh. Puppi jetzt puttemacht.«

Ein weiteres Phänomen in der Kommunikation von Eltern zu Kind ist die ständige Anrede der Kleinen in der ersten Person Plural: »Wir haben aber ein schönes Breichen gegessen.«, »Das haben wir aber schön aufgegessen.«, »So, jetzt sind wir frisch gewickelt.«. Entschuldigung? ICH habe KEIN Breichen gegessen und ICH weigere mich auch, eine Windel zu tragen. Ich bin 39!

Auch wenn dieses »Wir« noch so gemeinschaftlich klingen und eine enge Verbundenheit zwischen Mutter und Kind herstellen soll … lassen Sie es! Stellen Sie sich bitte einmal vor, das Kind verstünde, was Sie da reden. Oder es besucht Sie ein unbeteiligter, argloser, netter Mensch und Sie erzählen ihm stolz: »Wir haben uns ganz fein den neuen Body angezogen.« Oder: »Wir kriegen neue Zähne, deswegen geht's uns gar nicht gut.« Noch besser: »Und was haben WIR für ein feines Häufchen ins Klo gemacht!«

WER NICHT FRAGT, BLEIBT DUMM

Kinder müssen lernen zu fragen. Fragen, was das Zeug hält. Sie müssen fragen, wenn sie etwas haben wollen, wenn sie etwas geben wollen und wenn sie etwas zerstören wollen. Je nach Weltanschauung und sozialer Gesellschaftsschicht wird ihnen dann liebevoll oder auch nicht liebevoll die Konsequenz ihres Handelns aufgezeigt. Oder/Und die Dinge sind dann eben kaputt.

Kinder müssen fragen und wir müssen ihre Fragen akzeptieren und beantworten. Sie stellen eine immens wichtige Funktion im Begreifen des Lebens dar. Oft enthalten sie subtile Botschaften: »Mama, darf ich die Fliege in den Mixer tun?« – »Warum denn das???« – »Sie möchte was erleben, wie in einem FUNPARK!« Ah.

Oft fragen Kinder auch, um Aufmerksamkeit zu bekommen: »Mama, was mach ich, wenn der Kevin seinen Finger nicht mehr aus dem Abflusssieb in der Wanne bekommt?« Und dann gibt es noch die Fragen, die Ihnen eindeutige Hinweise darauf geben, dass das Gehirn Ihres Kindes auf Urlaub ist: »Mama, welche Farbe hat noch mal mein Ranzen?«, »Mama, womit soll ich das aufschneiden?«, und wenn das Kind direkt nach dem Mittagessen mit einem tomatensoßenverschmierten Mund fragt: »Mama, wann essen wir?«

Sollten Ihnen diese Fragen NICHT reichlich seltsam vorkommen, freue ich mich, dass Sie intellektuell in der Lage waren, das Buch bis hierhin zu lesen.

Kinder sollten auch unbedingt fragen, bevor sie fremdes Spielzeug benutzen oder ihren eigenen kleinen Spielsachenschatz erweitern wollen. Ich hasse kleine Räuber, die im Schwimmbad, auf dem Spielplatz oder an anderen kinderfrequentierten Zusammenrottungsstätten einfach Dinge dem ursprünglichen Besitzer entreißen, damit spielen und sie möglicherweise nienienie mehr zurückgeben, weil sich gar so toll damit spielen lässt. Solche gibt es, ich weiß es. Neulich musste ich auf dem Spielplatz tatenlos zusehen, wie der aufblasbare Delfin einer Einjährigen durch schnellen, kalkulierten Zugriff den Besitzer wechselte. Die geschädigte Einjährige, gegeißelt von einer entwicklungsbedingten Alles-meins-Phase, war aufgelöst. Ihre Mutter versuchte, sie zu beruhigen und dem anderen Kind liebevoll klarzumachen, dass die Lucie aber den Delfin gerade nicht hergeben wollte. Darauf begann die Diebesbrut lauthals zu kreischen, bis die Erziehungsberechtigte hinzueilte und versuchte, die Einjährige mit einem vorwurfsvollen Blick zu hypnotisieren. Lucies Mutter wiederum wagte ihrerseits das Unterfangen, die Hypnotiseurin zu hypnotisieren – und zwischen beiden zerrten zwei kreischende Kleinkinder an einem inzwischen leblosen und traurig luftleeren, salomonischen Plastikdelfin herum.

Zu Ihren Aufgaben als Eltern gehört ebenfalls, Ihre Kinder zu lehren, Dinge zu hinterfragen, philosophische Hintergründe zu eruieren, die Welt durch das richtige Fragen zu begreifen,

Zusammenhänge zu verstehen. Kinder müssen ihre Umgebung mit Fragen löchern, bis ihr unbändiger Wissensdurst gestillt ist. Aber bitte nicht die Eltern. Es gibt genug pädagogisch ausgebildetes Personal, das darauf trainiert ist …

Zu guter Letzt brauchen Kinder auch Fragen, um Gefahren vorzubeugen. Kleine bunte Drops sind nämlich nicht immer gesund, sondern können töten, wenn sie direkt aus dem Medikamentenschrank entnommen werden. Fragt uns, Kinder, bevor ihr mit dem Fahrrad auf die Autobahn fahrt. Fragt uns, bevor ihr die Spieluhr in der Mikrowelle erhitzt. Fragt, bevor ihr den Grill mit Spiritus anheizt. Und fragt um Himmels willen, wenn ihr die Stunts aus *Stirb langsam 1-27* nachspielen möchtet.

LÜGEN HABEN DACKELAUGEN

Kinder lügen nicht. Es sei denn, sie haben Angst vor dem unkontrollierten Wutausbruch der Eltern oder wenn sie sich arglistig und berechnend Vorteile erhoffen: »Nein, ich hatte noch kein Eis!« Oder sie lügen, um andere nicht zu verletzen: »Lara, findest du, dass ich viel schreie?« – »Ääähm, nein.« Gut.

Mal abgesehen von den schlimmen, vertrauensbrechenden Lügen – jenen, die uns Geld kosten (»Ich habe den Ball nicht in die Scheibe geschossen«) oder den letzten Nerv rauben (»Der Dori hat mich voll in den Bauch geboxt, mit Absicht!«) – gibt es noch die Notlügen. Notlügen haben im Erwachsenenleben eine wichtige Bedeutung. Ich würde sie auch eher als »Höflichkeitsfloskeln« bezeichnen. Das sind meistens Lügen, die die eigene Lebensqualität verbessern. Wenn man zum Beispiel gerade keine Lust hat, sich zu verabreden, ist ein schnelles, gekonntes Abwimmeln gefragt. Da sollten dann schon ein paar Floskeln bereit liegen: »Ich muss noch Hausaufgaben machen«, »Wir müssen noch weg« oder »Meine Mutter hat's verboten.«.

Kinder können gern mal ans Telefon gehen, wenn Mamas Quasselstrippenfreundin anruft, und sie mit einem flüssigen »MeineMamaistgeradeunterderDuschesieruftspäterzurück« abspeisen.

Schließlich gibt es noch die Notlügen, die unsere Kleinen ganz schnell lernen können, damit Eltern für ihre netten und ehrlichen Kinder gelobt werden. Beispielsweise bei der Gegenfrage nach dem Alter eines Erwachsenen »Wie alt schätzt du mich denn?« sollte das Kind immer eine Zahl nennen, die unter dreißig liegt. Oder den Spruch parat haben: »Was? Du siehst aber viel jünger aus!« Glauben Sie mir, Sie werden immer wieder gern eingeladen. Setzen Sie dem Schleimpfropfen noch die Krone auf, indem Sie Ihrem Kind antrainieren: »Was? 41? Du siehst aber viel jünger aus!«

Und dann kommt der große Moment, in dem Sie den berühmten Dackelblick bei Ihrem Kind entdecken. Viele Eltern unterbinden dieses Verhalten, weil sich das Kind so materielle oder emotionale Zuwendung erlügt. Ich rate Ihnen aber: Kultivieren Sie ihn. Nutzen Sie ihn zu Ihrem Vorteil beim Bäcker, Metzger, am Beschwerdeschalter. Nur zu.

FREUND ODER FEIND?

Freunde dürfen auf gar keinen Fall von den Kleinen selbst ausgewählt werden. Passen Sie die Auswahl der Freunde für Ihr Kind immer Ihren persönlichen Vorlieben an. Wählen Sie möglichst besser erzogene Kinder als die eigenen aus, in der Hoffnung, dass die Familie davon profitiert. Schläger, Rüpel und

Rotzgören müssen sich andere Spielgefährten suchen. Wirken Sie positiv auf Ihr Kind ein, indem Sie ihm vermitteln, dass der nette Michael doch gern mal zum Spielen kommen kann; und wenn das keine Jubelausbrüche nach sich zieht, kann man doch mal mit Michaels Mutter über die Köpfe der Betroffenen hinweg einen Spieltermin vereinbaren. Die werden sich schon anfreunden. Wenn Ihr Junior den rotzfrechen und lauten Justus einladen will, verkünden Sie schnell, dass die Tante zu Besuch kommt. Natürlich kann man auch auf Ehrlichkeit bauen und die Kinder schon mal langsam an unsere schleimige, leistungsorientierte Gesellschaft heranführen: »Nein, der Justus kommt mir nicht ins Haus, der ist schlecht in der Schule, seine Eltern sind Trinker und er raucht bestimmt bald.«

Wenn Sie es geschafft haben, das einzige wohlerzogene Kind im Umkreis zu sich nach Hause zu locken, lassen Sie es an einer gemeinsamen Mahlzeit teilnehmen, um seine Tischsitten zu überprüfen. Aber um Himmels willen, freuen Sie sich bitte nur insgeheim und loben es nicht in Anwesenheit Ihres eigenen Kindes, das könnte die noch zarte Knospe der aufblühenden Freundschaft im Keim zerstören.

Verbannen Sie aber den schlechten Umgang Ihres Kindes nicht vollständig aus dessen Dunstkreis. Jungs wie der rotzfreche Kevin haben durchaus ihre Existenzberechtigung. Laden Sie sie ein, wenn Sie mal sauer auf Ihren Nachwuchs sind, und freuen Sie sich, wenn der böse Sven nach einer Stunde der Verwüstung abgeholt wird und Sie mit einem Mal erleichtert erkennen, dass IHR Kind NICHT so ist. Die »bösen Svens« eignen sich außerdem hervorragend zum Aggressionsabbau. Laden Sie solche Kinder also zum Spielen ein und schreien Sie nach Herzenslust, maßregeln Sie und werfen Sie mit Sachen durch die Gegend. Keine Sorge, das sind solche Kinder garantiert von ihrem eigenen Zuhause gewohnt.

In jungen Jahren müssen Kinder noch nicht zwischen schlechtem und gutem Umgang differenzieren. Das tun wir schon für sie und sortieren deshalb aus: Kinder, bei denen Graffitisprühdosen im Schulranzen klappern anstatt eines selbstgebastelten Pop-up-Buchs für den Kunstunterricht, fallen durch die Qualitätsprüfung. Kinder, die auf dem Schulhof ihr Businesscenter eröffnet haben und naive Zweitklässler um ihr liebevoll zubereitetes Pausenbrot bringen, fallen durch die Maschen des gesellschaftlichen Aussiebgitters. Kinder, die ihre Fäuste in den Gesichtern Schwächerer parken, sollen fernbleiben, und das sind dann – völlig vorurteilsfrei natürlich – auch die Kinder, die Respekt ihr Leben lang mit »ä« und »b« schreiben werden. DAS sind nicht die Freunde unserer Kinder. Jedenfalls nicht die, die sie uns offiziell vorstellen.

Es ist aber auch eine verdammt harte Aufgabe, ihnen beizubringen, wie sie uns glücklich und stolz machen können. Jeder hat da so seine eigenen Ansichten. Der eine peitscht sein Kind beim Sechzig-Meter-Hürdenlauf über die halshohen Hindernisse, der andere jubelt seinem Sprössling durch die Gitterstäbe zu, wenn der mit seinem ersten selbst geklauten Auto an der JVA vorbeifährt. Am Ende des Tages muss jeder für sich selbst entscheiden, welche Freunde er in sein Leben lassen will. Wir Eltern geben doch nur eindringlich und vehement eine ungefähre Richtung vor.

ALLEIN, ALLEIN

Nachdem nun alle potenziellen Freunde vergrault oder ausgesiebt sind, können Sie Ihren Kleinen endlich beibringen, sich selbst zu beschäftigen. Die Auswahl der Spielzeuge, mit denen sich ein Kind allein beschäftigen kann, ist glücklicherweise immens groß. Viele Dinge verlieren ihren Reiz erst nach fünf bis sechs Minuten und man kann sich, ohne der ausgeleerten Kiste Lego Beachtung zu schenken, gelangweilt einer anderen Tätigkeit zuwenden. Man könnte ja mal Mama fragen, was man machen kann. Mama ist bei der kreativen, medienreduzierten Gestaltung des Nachmittages gern behilflich: »Bau doch mal eine Stadt mit den Bauklötzen.« – »Nö.« – »Hm, dann bau dir doch die Holzeisenbahn auf.« – »Nö.« – »Na gut, dann mal eben was.« – »Keine Lust.« – »Puzzle?« – »Bäh.« – »Kassette hören?« – »Hab ich alle schon gehört.« – »Gut, dann langweile dich eben, das ist gesund.« – »Darf ich mich vor dem Fernseher langweilen?« ...

Dem Sich-allein-beschäftigen-Können geht ein langwieriger Prozess voraus. Auch mal Stille auszuhalten, muss gelernt sein. Sich zu entspannen, muss erlernt werden. Ich nutze hierbei gern einen handfesten Geschwisterstreit, um die Kinder getrennt in ihre Zimmer zu verbannen. Wenig später darf ich dann erstaunt feststellen, dass sie sich nach dem ersten Schock konzentriert und hingebungsvoll in das Auseinandernehmen einer Barbiepuppe oder des Weckers vertieft haben.

Sobald Kinder gelernt haben, sich selbst zu beschäftigen, gehört den Eltern möglicherweise sogar bald mal ein Sonntagmorgen, an dem sie ausschlafen können. Um ganz sicherzugehen, bringen Sie dem Kind bei, wie es die Fernbedienung des Fernsehers benutzt, und stellen Sie eine Schüssel mit Nüssen bereit. Das beste Kinderprogramm nützt nichts, wenn die Kinder plötzlich Hunger bekommen und mit der ganzen Familie frühstücken wollen.

MITGLIEDERVERSAMMLUNG

Gewöhnen Sie das Kind frühzeitig an den Umgang mit dem sozialen Phänomen Verein, sei es der ortsansässige Fußballverein, der Tennisverein, der Chor oder das »Basteln mit Naturmaterialien«. Ein Kind, das lernt, sich in einer Gruppe zurechtzufinden, wird sich schnell seinen Platz in jeder Gemeinschaft erobern können, jedes Kind so, wie es seinem Naturell entspricht. Manche finden ihren Platz auf dem Vorstandssitz wieder, weil sie schnell gemerkt haben, dass es da immer die Kuchenstücke mit Kirsche oder Schokoverzierung gibt, manche daneben, weil sie gern aus dem Hintergrund zuarbeiten, und andere wieder am Ende des Tisches, wo es zu den Toiletten geht.

Im Verein fühlt man sich aufgehoben und unter Gleichgesinnten. Und wenn man nicht gleichgesinnt ist, wird man es eben: das gleiche Tattoo, die gleiche Glatze, die gleiche Art zu sprechen oder zu grunzen, das schweißt zusammen.

Im Verein fährt man auf Trainingslager, unternimmt Ausflüge und später teilt man sich auf Mallorca einen großen Eimer alkoholischen Getränks und singt aktuelle Bierhymnen. Man fühlt sich sicher und macht sich Freunde. Man teilt das gleiche Hobby, leiht sich mal gegenseitig das Handtuch oder eine Frau. Eben das, wo gerade Not am Mann ist. Man hilft sich einfach.

Jedes Kind, das Schwierigkeiten hat, Anschluss zu finden, sollte sich in einem Verein anmelden. Und wenn es dort nur als Maskottchen herumgeschubst wird, vermitteln Sie ihm, dass dies die wichtigste und würdevollste Aufgabe des Vereins darstellt. Soziale Integration ist für Kinder extrem wichtig und wir Eltern sind verdammt noch mal dazu verpflichtet, ihnen die Gelegenheit dazu zu geben. Selbst wenn es »Klöppeln für Anfänger«, der »Schachclub Dormagen« oder »Klavierspielen für Notenlegastheniker« ist. Viel Glück.

BLAMAGE BLEIBT DEN ELTERN VORBEHALTEN

Falls das Kind einem anderen wehtut, es ihm, in welcher Form auch immer, Schmerz zufügt, MUSS es sich sofort, unverzüglich und auf der Stelle entschuldigen. Dieses Verhalten sollte als Reflex konditioniert werden, der immer ehrliches Bedauern ausdrückt. Notfalls üben Sie mit dem Kind ein bedauerndes Gesicht vor dem Spiegel – so lange, bis es auf Knopfdruck abrufbar ist. Die Absicht der Gewalttätigkeit steht dabei erst einmal im Hintergrund. Findet Ihr Kind aber Freude daran, einem anderen Tränen des Schmerzes zu verursachen, ziehen Sie Ihren Therapeuten zu Rate oder beobachten Sie das Verhalten in der eigenen Familie.

Lassen Sie mich abschließend anmerken, dass nicht vorhandene Höflichkeit eines Kindes nicht zum Ausschluss aus der Gesellschaft führen wird. Dennoch sollten die Kinder einige grundlegende Dinge beherrschen. Sind diese gut konditioniert und eingeübt, kommt es in erforderlichen Situationen nicht zur Blamage. Und ich finde, blamieren sollte sich ein Kind nicht müssen … das tun manche Eltern schon zur Genüge.

10. KAPITEL

BEI HOFE

MANIEREN UND BENEHMEN

WER PUPST, SOLL THEATER SPIELEN

Das Thema Höflichkeit steht in der heutigen Gesellschaft leider immer stärker im Abseits. Ich will Sie hier auch nicht zu lange damit belästigen, denn es ist jedermanns persönliche Angelegenheit, wie peinlich sein eigenes Kind sich in der Öffentlichkeit benimmt. Schlechtes Benehmen lässt ja üblicherweise Rückschlüsse auf die Erziehungsbevollmächtigten zu. Das kann unangenehm sein. Hierzu einige typische Beispiele:

Beim Gähnen soll man keine Grunduntersuchung des Mundraumes vornehmen oder gar nachvollziehen können, was das Kind zu Mittag gegessen hat. Nein, das Gähnen soll unterdrückt oder zumindest hinter vorgehaltener Hand vollzogen werden. Wird diese Verhaltensweise nicht befolgt, so klebe man dem Kinde den Mund zu. Feste.

Das Klebeband kann auch gleich drauf bleiben, sobald Ihr Sprössling anfängt, die schlimmen Worte aus dem Kindergarten mitzubringen. Höflichkeit schließt nämlich nicht nur das Erlernen von Umgangsformen ein, sondern schreibt auch das Weglassen bestimmter Verhaltensweisen vor. Dies mag sich global gesehen in kulturellen Unterschieden manifestieren, aber tatsächlich ist die Auffassung von Höflichkeit schon in jeder einzelnen Familie anders. Wird beispielsweise in einer Familie gelacht, wenn der Dreijährige pupst, so wird er in einer anderen des gleichen Kulturraums in ein anderes Zimmer verwiesen. Ebenso wird das Rülpsen in der einen Familie ausgiebig zelebriert und in der anderen fällt die Großtante Margarete vor Scham ins Koma, wenn derartige Töne durch ihr Hörgerät kriechen.

Wo ist also nun der Leitfaden, der uns vorgibt, was »höflich« ist und was nicht? Sofern es das Verhalten des eigenen Kindes betrifft, so muss man selbst entscheiden, wie viel zu ertragen man gewillt ist, welche eigenen Voraussetzungen man mitbringt und in welchen Kreisen man »sich bewegen tut«. Das Einzige, worauf Sie bei Ihrem Kind wirklich achten sollten, ist, dass es DIE grundsätzlichen Regeln im Umgang mit anderen Menschen erlernt, die im BGB verankert sind. So bewahren Sie es zumindest davor, dass es durch unvorsichtiges Verhalten eine hohe Geldstrafe auferlegt bekommt. Hat es allerdings erst einmal Freude daran gefunden, den entgeisterten Blicken der Passanten zu begegnen, wenn es ihnen den Vogel zeigt oder die Zunge rausstreckt, binden Sie die vorlauten Körperteile einfach fest oder trennen Sie sie ab. Ach nein, doch nicht, falsches Genre.

Kinder haben im Bezug auf Gespräche eine völlig andere Wahrnehmung als Erwachsene. Die meisten von uns finden Vergnügen daran, den Gedanken eines Kommunikationspartners zu Ende zu hören, um dann nach kurzer Reflexion ein Feedback zu geben. So entwickelt sich eine möglicherweise anregende Unterhaltung über die verschiedensten Themen, eingeschränkt natürlich durch die jeweiligen intellektuellen Fähigkeiten der Beteiligten.

Kinder hingegen müssen jeden Gedanken unvermittelt und sofort ihrer Umwelt preisgeben. Darauf, dass möglicherweise gerade eine andere Person spricht, können sie keine Rücksicht nehmen. Denn dieser lebensverändernde Gedanke, den sie just in diesem Moment offenbaren müssen, steht der wartenden Umwelt auch nur in diesem Bruchteil der Sekunde zur Verfügung. Der Beweis: »Mama …« – »Moment, ICH rede gerade, warte, bis ich fertig bin.« Fünfeinhalb Sekunden später: »Und? Was wolltest du sagen?« – »Menno, jetzt hab ich's vergessen!«

Eine weitere Unart, die diesmal unsere olfaktorische Wahrnehmung bis aufs Äußerste reizt, ist das impertinente Ablassen von Winden in jeder Situation und Lebenslage. So kann es mitunter für uns Erwachsene, entgegen der Meinung der Kinder, weniger erheiternd sein, wenn am Esstisch andere Geräusche als die des Besteckklapperns und gelegentlicher Konversation zu hören sind. Nicht selten habe ich schon das Geruchsfeld verlassen und geschützt in meinem Büro fertig gegessen; dabei konnte ich von fern das Kichern über den beißenden Darmgeruch wahrnehmen. Der lehrreiche Aufenthalt an einem frisch gedüngten Güllefeld hat wider meiner Erwartung wenig gefruchtet, sodass meine Kinder jetzt vor dem Platznehmen am Esstisch mit einer kleidsamen Geruchauffangplastiktüte am Gesäß ausgestattet werden.

Angeblich schlagen die extrovertierte Pupsbereitschaft und anschließendes Gekicher in den Jahren der Pubertät ins Gegenteil um und lassen vor allem knospende Mädchen unschuldig die Augen an die Decke rollen, wenn es heißt: »Wer hat hier gefurzt?« Es gibt allerdings eine todsichere Methode, wie Sie Ihr Kind traumatisieren können, sodass es in Zukunft lieber an Darmverschluss stirbt, als noch ein Mal im falschen Moment die Backen zu öffnen: Suchen Sie sich einen Tag, an dem Ihr Kind einen öffentlichen Auftritt hat, eine Klaviervorführung, Schwimmprüfung oder Schulaufführung. Reichen Sie ein bis zwei Stunden vorher Bohnen, Käse, Milch und alle Kohlsorten, die Sie auftreiben können. Genießen Sie ein gemeinsames Mahl und halten Sie für sich selbst drei gut durchgezogene Tassen Fenchel-Kümmel-Tee bereit. Ein öffentlich entglittener Wind aus dem aufgeregten Po Ihres Kindes …

KNALLCHARGENSCHENKELKLOPFER

Es ist wichtig, Kindern begreiflich zu machen, dass Eltern ziemlich schwer mit Kinderwitzen zu beeindrucken sind. Vor allem, wenn das Kind den Witz von Häschen oder Fritzchen so oft wiederholt, dass Sie schon vor dem ersten Wort die Pointe herausschießen können. Erinnern Sie sich daran, wie Sie sich früher über Fäkalwitze aller Art amüsiert haben. Auch heute noch lachen die meisten Menschen darüber, wenn in Gags verpackt Tabus gebrochen werden. Kinder begnügen sich noch mit so harmlosen und schlechten Witzen wie »Was ist Wind? Luft, die es eilig hat.« Schenkelklopfer. Vermeintliche Brüller, die bei uns bestenfalls ein Zucken im Mundwinkel auslösen. Lassen Sie die Knallchargen gewähren. Geben Sie sich einen Ruck und lachen Sie heute mal über einen Witz, den Ihr Kind erzählt. Versuchen Sie es. Mundwinkel auseinander und halten. Hüsteln Sie dabei, mit ein bisschen Übung klingt das wie heiteres Lachen.

Scherz beiseite – habe ich das gerade wirklich gesagt? –, lieben wir sie nicht alle, die Possenreißer, die immer einen Gag parat haben? Nein, tun wir nicht. Aber Kinder, die Witze kennen, heben sich hervor. Zumindest in der Grundschule. Sie sind die Unterhalter, die den tristen Alltag erhellen. In der weiterführenden Schule trennt sich dann schnell die Spreu vom Unterhaltungsweizen, indem lustige Mitschüler mit »Keiner kichert, keiner lacht, die Babsi hat a Witzle g'macht« ausgebremst werden. Ich kenne das noch aus meiner Schulzeit. Ich war Babsi.

DAS SAGT MAN NICHT!

Kinder müssen lernen, dass nonverbale Kommunikation sie nicht weiterbringt, wenn sie etwas erreichen wollen. Na gut, den Säuglingen gestehe ich eine gewisse Unterentwicklung in Sachen Konversation zu, aber ich finde – und hier spreche ich sicher für alle geplagten Jungmütter –, mit spätestens drei Wochen sollten die Neugeborenen endlich anfangen, sich so auszudrücken, dass wir verdammt noch mal verstehen, was sie wollen. Schreien hat noch nie groß zur Völkerverständigung beigetragen.

Wenn die Kleinen endlich die ersten Worte gelernt haben, sind sie nicht mehr zu stoppen. Sie reden nur um des Redens willen. Und zwar in jeder Lautstärke. Besonders auffällig sind die Phonübertretungen, die Kinder nach der Rückkehr aus dem Kindergarten an den Tag legen. Haben Sie sich nie gefragt, warum Erzieherinnen so niedliche Wachspfropfen in den Ohren haben und es jährlich ein Stimmbildungstrainingsseminar gibt, das sich regen Zulaufs erfreut?

Irgendwann sollten Kinder verstehen, dass sich Lautstärke regulieren lässt. Wenn sie das nicht mithilfe ihres eigenen Körpers können, werden Sie das übernehmen, indem Sie Raum zwischen dem Kind und Ihren Ohren schaffen: Kinderzimmer, Speisekammer, Dachboden, Australien.

Kindern ist es angeboren, ihre Muttersprache schnell und aufmerksam zu erlernen. Das, was WIR ihnen ins Gehirn pflanzen, werden sie auch umsetzen und benutzen. Also sehen Sie sich vor und treffen Sie frühzeitig die für Sie und Ihren eigenen Sprachgebrauch wichtigen Entscheidungen. Hinterteile, Genitalien und fäkale Auswürfe mögen für Sie zum alltäglichen Gebrauch gehören – wenn Sie also wünschen, dass Ihr Kind einen Redestil verfolgt, der auf ein gewisses gesellschaftliches Niveau Rückschlüsse zulässt, behalten Sie verdammt noch mal Ihre Scheißausdrucksweise bei, kotzen, anstatt sich zu übergeben, und titulieren den rüpelhaften Fahrradfahrer als Arschloch. Sie werden merken, dass sich Ihr Kind schnell in einem Freundeskreis wiederfindet, der sich ebenfalls dieser Sprache bedient.

Das Vokabular unserer Kinder kann aber auch ohne Hinterteile und Exkremente auskommen. Zumindest bis zu einem bestimmten Alter, bis zu dem wir die Alleinherrschaft über sie ausüben. Wie sehr wir in unserem Sprachgebrauch schon selbst in die Untiefen des Fäkalen abgerutscht sind, merken wir meist erst dann, wenn wir Kinder haben und den kinderlosen Besuch mit einem »Ts, das sagt man doch nicht«-Blick tadeln. Sollten sich ungehörige Worte Zutritt zu Ihrem Familienleben verschafft haben, dann bewahren Sie Ruhe. Es gibt Ideen wie Schimpfwortzimmer, Pöbelminuten und den Mund mit Seife auszuwaschen. Ich habe festgestellt, dass dies alles wunderbare, erzieherische Arbeitsbeschaffungsmaßnahmen sind, aber zur Problemlösung nur marginal beitragen. Das größte Zeichen, das Sie setzen können, ist das des Vorbilds. Befleißigen Sie sich einer exkrementfreien Sprache und bedingen Sie sich in Ihrem Haus eine schimpfwort- und fluchfreie Zone aus. Was glauben Sie, wie groß die Augen der Gastkinder werden, wenn Sie sie anherrschen: »Hier wird verdammt noch mal weder Scheiße noch Arsch noch sonst irgendein Schimpfwort gesagt, das könnt ihr zu Hause machen, hier nicht!«

Später versuchen die Heranwachsenden ohnehin, sich durch eine eigene Sprache von den doofen Eltern abzugrenzen und ihren Platz in der Gruppe zu behaupten. Hierbei sind der kindlichen Kreativität keine Grenzen gesetzt. Wenn unser Nachwuchs erst einmal alle Ausscheidungsformen des menschlichen Körpers sowie die umfangreichen Bezeichnungen der primären und sekundären Geschlechtsorgane erlernt hat, erfahren wir Erwachsenen mit Entsetzen, dass wir mit »Idiot« oder »Arschloch« schon lange keinen linguistischen Blumentopf mehr gewinnen können. Auch im kreativen Sprachgebrauch wimmelt es von Neologismen. »Vollpfosten« stehen an jeder Straßenecke, aus einem »Schottergott« bezieht man mit einer EC-Karte Geld, und statt Gänsehaut zieren »Hummeltitten« die erschauerte Haut. Eine ambitionierte Nordic-Walking-Gruppe wird liebevoll zu »Schneckenstechern«. Man »hartzt«, wenn man sich ausruht, und man »macht die Socken scharf«, wenn man sich aufs Ausgehen vorbereitet.

Ich persönlich finde diese Art der Wortneuschöpfungen äußerst amüsant und köstlich. Da genehmige ich mir doch gleich mal geistig unbewaffnet einen entspannten Hopfenblütentee (Bier), möpe meinen Nachbarn, weil er mir mein Datenzäpfchen noch nicht wiedergegeben hat, und lade ihn dann zu einem leckeren Knüppel mit Gerümpel (Currywurst mit Pommes) ein. Wenn wir dann hacke sind, zeige ich ihm meine Waldrodung und wir können ohne Hardwareprobleme Knick-Knack machen. Aber NUR mit Nahkampfsocke, versteht sich.

WER ZU SPÄT KOMMT ...

Muss ein Kind Pünktlichkeit lernen? Chronisch unpünktliche Menschen würden sagen: »Nein, zeitliche Vorgaben sind doch flexible Größen, nur zur groben Orientierung gedacht.« Pünktliche Menschen sind da natürlich anderer Ansicht. Meine achtjährige Tochter meint, es komme darauf an, bei WAS man pünktlich sein soll.

Notorische Zuspätkommer sind in unserer Kultur nicht gern gesehen, denn die meisten Mitglieder nordeuropäischer Gesellschaften versuchen, sich an zeitliche Vereinbarungen zu halten. Schlimmer noch, im Geschäftsleben gilt es als extrem unhöflich, zu spät zu kommen, das wirft ein schlechtes Licht auf den Geschäftspartner. Ausreden wie: »Ich kann einfach nicht anders« oder »Meine Stärken liegen in anderen Bereichen«, werden gar nicht mehr wahrgenommen, weil die Wartenden bereits den Namen des Zuspätkommers vor ihrem inneren Auge aus den persönlichen Kontakten gestrichen haben. Welche Möglichkeiten bestehen also für die zukünftigen Anwälte, Manager und Professoren, damit ihnen derlei Schmach nicht zuteilwird?

Da sich das Kind generell an dem Vorbild der Erwachsenen orientiert, sollte man sich dies zunutze machen und selbst auf Pünktlichkeit achten. Zumindest Pünktlichkeit im weitesten Sinne. Je nach Veranlagung auch im allerweitesten Sinne – aber dann sollte man sich bitte nicht wundern, wenn es zu bösen Überraschungen kommt. Ihr Kind wird sich Ihre Verhaltensweisen dankbar abgucken und zu seinem eigenen Credo machen. »Wenn Mama sagt, ich soll um sechs zu Hause sein, bin ich so circa ungefähr Pi mal Daumen um sechs zu Hause.«

So. Um Viertel nach sechs sammeln sich die sorgenvollen Schweißperlen auf Mamas Stirn und sie verflucht sich, dass sie nie mit der Stechuhr hinter ihrem Kind hergerannt ist oder ihm wenigstens ein Handy verpasst hat, dass sie ihm immer noch kein Handy verpasst hat. Wilde Schimpftiraden prasseln auf das Kind ein, wenn es um halb sieben fröhlich angehüpft kommt. Das Kind lernt: Komme nie hüpfend, falls du zu spät dran bist.

Aber es gibt Abhilfe. Ein perfektes Zeitmanagement und erdachte, willkürliche, völlig zusammenhangslose Sanktionen drillen das Kind zur Pünktlichkeit und Verlässlichkeit. ODER es muss mühevoll aus eigener Erfahrung lernen und in tiefe oder/ und lautstarke Depression verfallen, wenn es die ersten Minuten seiner Lieblingssendung verpasst, weil es das unaufhaltsame Voranschreiten des Analogzeigers der Wohnzimmeruhr nicht im Auge behalten hat.

Wirksam ist auch, dass das Essen bereits abgeräumt ist, sobald das Kind endlich seinen schweren Ranzen den langen Schulweg nach Hause geschleppt hat und sich hungrig auf die Lasagne stürzen will. Oder wenn es sich noch hektisch und voller Vorfreude auf den bevorstehenden Freizeitparkausflug den Reißverschluss der Jacke zuzieht, schnell die Tür hinter sich schließt und doch zusehen muss, wie das Familienauto gerade in gemütlichem Tempo um die nächste Straßenecke davonfährt.

»SCHULDI«

Sich entschuldigen zu können, muss lange geübt werden. Streng genommen sollten sich die Kinder direkt nach der Geburt für die Schwangerschaftsstreifen entschuldigen, die ihre Mutter nun nie wieder verbergen können wird und sich deshalb im Türkeiurlaub ein zwei mal vier Meter großes, bunt gemustertes Wickeltuch kaufen muss, um ihre marmorierten Hüften zu verdecken. Gleich ein halbes Jahr später sollte sich die nächste Entschuldigung für die ausgelutschten Brüste ihrer Mutter anschließen, die nun die gesamte Unterwäschegarderobe einer Erneuerung unterziehen muss. Her mit den sauteuren Push-ups. Falten, graue Haare, entglittenes Bindegewebe, das alles können Sie in Anwesenheit Ihres Kindes zu einem geeigneten Zeitpunkt ganz nebenbei bei einem entspannten Gespräch einfließen lassen: »Deinetwegen habe ich Hängetitten. DIR habe ich meine besten Jahre geopfert, deinen Hintern abgeputzt und dir den Sabber abgewischt, mir ins Gesicht kotzen lassen … UND WAS IST DER DANK???«

Kinder sollten ihren Eltern gegenüber gar nicht mehr aus dem Entschuldigen herauskommen. »Entschuldige, Mama, dass ich das Kinderzimmer nicht aufgeräumt habe. Entschuldige, dass ich mit dreckigen Schuhen durch die frisch geputzte Wohnung gelaufen bin. Entschuldige, dass ich dich geweckt habe. Entschuldige, dass ich mich auf deine Bluse übergeben habe. Entschuldige, dass ich deine kinderlosen Freundinnen für immer aus deinem Leben verdrängt habe. Entschuldige, dass du nicht zu der Party konntest, weil ich krank war und den Babysitter nicht akzeptiert habe. Ach ja, und entschuldige, dass ich dein Auto geschrottet habe.« Anstelle eines lieblos hingeworfenen »Schuldi« sollte unbedingt das wesentlich aufwendigere »Es tut mir schrecklich leid und ich verspreche, dass es nie wieder vorkommt« fehlerfrei eingeübt werden.

Das Kind muss sich in Bezug auf »Benimm« einfach nur alles bei den Eltern abgucken. Geborgtes muss nach Gebrauch wieder zurückgegeben werden. Nein, das macht man nicht, dass man das Spielzeug so lange behält, bis man herausgewachsen ist. Man gibt auch ein Buch wieder zurück, sobald es fertig gelesen ist. Gut, das kann bei Grundschulkindern schon mal eine Weile dauern. Ach, eigentlich sollte man Bücher immer verschenken, sind doch eh überall die gleichen Buchstaben drin.

Aber ein T-Shirt, das muss schnell wieder zum Besitzer zurück. Denn manche Kinder haben ja nur 47 davon. Ich schwöre, mir würde es nie und nimmer auffallen, wenn T-Shirts meiner Kinder fehlten. Mir würde es ja nicht mal auffallen, wenn MIR welche fehlten. Aber ich schweife ab. Also: Geborgtes zurück, was auch immer es ist (außer T-Shirts). Und wenn etwas an dem Geborgten kaputtgegangen oder es gar verloren gegangen ist, muss es eben ersetzt werden. DANN dürfen Sie endlich mit wichtiger Miene den ausgestreckten Zeigefinger heben und Ihr Kind an Ihrer allumfassenden Weisheit teilhaben lassen: »Booorgen bringt Sooorgen.«

»ABER ER IST DOCH NICHT KAPUTT!«

Kinder müssen Werte schätzen lernen. Damit meine ich nicht Ehrlichkeit, Güte, Höflichkeit, Verlässlichkeit und Mitgefühl. Nein, ich meine ECHTE Werte. Materielle Werte. Aber wie bringe ich sie ihnen bei, wenn doch in jedem Haushalt alles drei- oder vierfach vorhanden ist? Wenn ein Einzelstück kaputtgeht, wird es eben ersetzt. Tasse kaputt – neue Tasse. Hose zerrissen – neue Hose. Handy verdusselt – neues Handy.

Früher waren schöne, glitzernde Steine unser größter Schatz. Und warum? Weil sie einzigartig waren … und uns gerade keine Rolex-Uhren zum Sammeln zur Verfügung standen. Was wertvoll ist, liegt im Auge des Betrachters. Aber wie vermittle ich meinem Kind ein Gefühl für Wert?

Mein achtjähriger Sohn besaß eine interessante Einstellung dazu. Er klopfte mit einem Löffel auf die Kante unseres Tisches aus wunderschönem, weichem Holz, und als ich Arme über dem Kopf wedelnd hysterisch eingreifen wollte, sagte er nur trocken: »Aber der Tisch ist doch nicht kaputt.« Für ihn war kaputt nur etwas, was mindestens entzwei war, zerstört, in Schutt und Asche, zu einem Klumpen verschmolzen. Das löste dafür Tränen und großes Wehgeschrei aus. Kaputt war etwas, was in einem solchen Maße deformiert war, dass man seine ursprüngliche Gestalt nicht mehr erkennen konnte. Ein paar Löcher in der Gardine bedeuteten doch nicht, dass sie kaputt war. Sie hing ja noch. Und so ein Auto draußen auf dem Parkplatz kann doch noch fahren, auch wenn es hübsche Muster mit einem Stein in den Lack gekratzt bekommen hat.

Versuchen Sie, dem Kind mit einfachen Worten zu beschreiben, was Wertverlust bedeutet, und hoffen Sie, dass Ihre Erklärung fruchtet.

»Wenn du ein ferngesteuertes Auto kaufst, ist es doch neu und sieht toll aus. Aber wenn du es nicht pfleglich behandelst, geht es kaputt, bis es nur noch Schrottwert hat. Dann ist es nicht mehr das wert, was es neu wert war. Das nennt man Wertverlust.« – »Aber wenn jemand vor mir schon den Wertverlust gemacht hat, bekomme ich es billiger …«

Oder versuchen Sie es so: »Wenn dein Körper verletzt wird, ist er in diesem Zustand nicht mehr völlig funktionsfähig. Sein aktueller Wert ist gemindert.« – »Aber er heilt doch wieder.« – »Aber es bleiben Narben.« – »Na und?«

Ich finde den Umgang mit materiellen Werten sehr schwierig und kompliziert. Meine Tochter war neulich im Wald in Dornen gefangen und traute sich nicht, sich zu befreien, weil ihre Hose dabei kaputtgegangen wäre. Woher soll sie denn auch wissen, dass das Leben mehr wert ist als eine Hose?

LEIHGABEN FÜR DIE EWIGKEIT

Geschenkt ist geschenkt, wiederholen ist normal. So sehen das die meisten Kinder. Höchste Zeit, ihnen den Unterschied zwischen Eigentum und Besitz zu erklären. Geschenke wechseln den Eigentümer, Leihgaben wechseln nur den Besitzer. Sofern das ausreichend geklärt und verstanden ist, habe ich hier einen wertvollen Tipp für Sie: Setzen Sie fest, welche Besitzverhältnisse Dinge annehmen, wenn Sie Ihrem Kind etwas geben. Mit einer Schenkung erwirbt der Beschenkte nämlich das Eigentum an dem Gegenstand und kann damit machen, was er will. Das heißt, wenn Sie Ihrem Kind ein Spielzeug schenken, darf es dies auch direkt nach Entgegennahme schrotten. Außer, es belegt Sie mit grobem Undank, aber das geht erstens zu weit in juristische Finessen und zweitens wissen wir alle, dass die meisten Kinder per se grob undankbar sind. Oder hat Sie Ihr Kleinkind schon mal mit großen, dankbaren Augen angelächelt, nachdem Sie ihm die hartnäckigen Reste des missglückten Stuhlgangs abgewischt haben?

Mit einer Leihgabe verhält es sich indes anders. Diese MUSS pfleglich behandelt werden, denn größere Schäden, die auf die nicht ordnungsgemäße Nutzung zurückzuführen sind, muss der Entleiher selbst tragen oder reparieren. Bedeutet in Muttersprache übersetzt: »Solange du deine Füße unter meinem Tisch hast, gehört mir alles, was du hast. War das 'ne Schenkung? Nein, also!«

DIE UNTERFLUSSGESELLSCHAFT

Im Gegensatz zum eigenständigen Verpacken, wozu ich gleich noch komme, muss das sehr junge, beschenkte Menschlein erst einmal lernen, dass sich in den meisten bunten Papierquadern, die mit bunten Schnüren gesichert sind, Dinge befinden, die es selbst betreffen und zum Vergrößern des eigenen Spielzeug- oder Klamottenreichtums beitragen. Nun, ich erinnere mich, dass meine Tochter beim Erhalt des ersten Geschenkes ihres Leben freudig erregt minutenlang die bunten Bilder der Verpackung betrachtete und den hübschen Quader dann achtlos neben sich warf. Hat man zu diesem Zeitpunkt keine älteren Geschwister, so muss man das Ritual »Geschenkpapier so brutal wie möglich entfernen« eben selber demonstrieren.

In unserer modernen Wegwerfgesellschaft ist leider völlig in Vergessenheit geraten, dass man die sorgsam verpackten Geschenke ebenso sorgsam wieder auspacken und das Papier ein weiteres Mal verwenden kann. Früher, als es ein wenig dicker, stabiler und reißfester als ein vertrocknetes Laubblatt war, löste man das Klebeband noch mit den Fingerspitzen und fluchte laut, wenn ein Stückchen des Aufdrucks jäh ein weißes Loch in die makellose Fläche riss. Danach bügelte man das Papier, legte es sorgfältig zusammen und gesellte es zu den anderen liebevoll gefalteten und gebügelten Geschenkpapierresten.

Lachen Sie nicht, das war WIRKLICH so. Außerdem empfand man es als etwas Besonderes, ein Geschenk zu erhalten, denn man musste lange warten, bis man endlich den lang ersehnten Großbildschirm in den Händen hielt. Zu lange. Viel zu lange. Unterflussgesellschaft. Und heute, in der Überflussgesellschaft, geht das so: Papier aufreißen, Geschenk rausziehen, angucken, bewerten. Nächstes Geschenk. Ein in lustiges Papier gewickelter Karton verheißt schnelle Vergrößerung des Eigentums ohne Gegenleistung.

Geschenke zu erhalten, bedarf weder einer ausgefeilten Technik, noch ist dazu Spezialwissen notwendig. Geschenke zu machen, ist dagegen eine höchst anspruchsvolle Angelegenheit. Schon beim Einwickeln kann man die bisher geleistete Erziehungsarbeit exzellent zur Schau stellen: »Das hat er selbst verpackt!« Und wenn das Päckchen dann irgendwie trotzdem so aussieht wie eine Handvoll buntes Papier aus dem Büroschredder, hilft Klebeband. Viel Klebeband.

Je ungeübter oder ungeschickter sich der Verpackende anstellt, desto stärkere Rückschlüsse können Sie auf seinen Testosterongehalt ziehen. Männer können nicht verpacken. Sie können Autos besser für einen Urlaub ans Meer einräumen und schaffen es, ihre drei Utensilien in EINEM Kulturbeutel zu verstauen, doch sie können KEIN Geschenk verpacken. Und wenn doch, sieht es am Ende so aus: Das Papier bedeckt nur einen Teil des Präsents und das bunte Geschenkband hängt, nur einmal um das Päckchen gewickelt, traurig bis zum Boden hinab. Aber hier dürfen Sie nicht verzagen. Investieren Sie Zeit und Geduld in die Stunden, dem männlichen Kind das fachgerechte Verpacken von Geschenken beizubringen. Diese Zeit wird Ihnen später um ein Vielfaches zurückgeschenkt werden.

»Hast du das Geschenk für XY schon verpackt?« – »Nein.« – »Gut, dann mach aber schnell.«

»Schnell« muss es eigentlich gar nicht gehen, aber das setzt die Schenker so schön unter Druck und das Präsent sieht noch kreativer aus. Haben die Jungs (und die Mädels sowieso) alle Kniffe von gekräuseltem Geschenkband und akkurat geklebtem und gefalztem Papierbogen verinnerlicht, lehnen Sie sich zurück und genießen Sie die stundenlange Beschäftigung ... bis die Kleinen mit aufmerksamem Auge feststellen, dass es schicke, bunte Falttüten mit adretten Kordelbändern gibt, in die das Geschenk hineingeworfen wird. Fertig.

Geschenke empfangen sollte stets von einem »Oh« und »Ah« begleitet werden und die Kinder sollten von tiefer Ehrfurcht und Dankbarkeit ergriffen sein. Reduzieren Sie den Geschenkewahn von Geburt an. Sobald das Kind fähig ist zu begreifen, dass es etwas geschenkt bekommt, müssen Präsente selten und besonders sein. Das ist natürlich schwer im Zuge der aus dem Boden schießenden Billigkaufhäuser, um nicht zu sagen nahezu unmöglich, aber versuchen kann man es ja.

Auch wenn Sie es sich leisten können, beherrschen Sie sich mit Mountainbikes zwischendurch oder einem iPad für pünktliches Nachhausekommen! Kinder müssen warten können. Bis zu den Tagen, die von der Gesellschaft als »Geschenketage« festgelegt sind. Je größer der Leidensdruck, desto größer die Freude bei der Erfüllung des Wunsches. Nehmen wir zum Beispiel ein Paar neue Schuhe: Man kann sie einem Kind nicht verweigern, es braucht neue, wenn die alten nicht mehr passen oder auseinanderfallen. Hier lohnt es sich jedoch, genau hinzuschauen. Sind die zwei Monate bis zum Geburtstag oder Weihnachten nicht irgendwie überbrückbar? Ein lang ersehntes Konsolenspiel, das schon seit dem Sommer auf der Wunschliste steht, bereitet ohnehin mehr Freude, wenn es noch NICHT da ist, als wenn es dann nach Weihnachten zur freien Verfügung steht.

Na gut, ich habe meiner Tochter auch schon mal im September ein neues Mäppchen geschenkt, das sie sich eigentlich zu Weihnachten gewünscht hatte, dann aber DRINGEND mit auf die Klassenfahrt nehmen wollte.

Und JA, ich habe Dorian einen Tennisschläger vier Monate vor seinem Geburtstag gekauft – mit dem ausdrücklichen Hinweis: »Aber das ist dann dein Hauptgeschenk zum Geburtstag … neben dem ferngesteuerten Auto, dem Taschenmesser und dem Longboard. KLAR?«

Erst das Warten macht ein Geschenk so richtig wertvoll. Ich warte übrigens immer noch auf mein Superleichtlauftrekkingrad …

Haben Sie beim Schenken bitte immer im Hinterkopf: Je weniger die kleinen Messies haben, desto weniger müssen sie aufräumen. Ähm, oder Sie, aber dies lesen Sie bitte im Kapitel übers Aufräumen nach …

TASCHENGELD

Wer braucht schon Geld? Und überhaupt: Wie viel? Und ich frage: Warum? Dankenswerterweise gibt es vom Jugendamt eine ziemlich genaue Einschätzung darüber, welchen Taschengeldbetrag ein Kind in welchem Alter benötigen könnte. Leider wird dabei nicht berücksichtigt, in welchem sozialen Umfeld sich die Kinder bewegen. Der Sohn des treuen Aldi-Nord-Kunden wächst ja wohl mit anderen Vorstellungen von der Ausschöpfung eines wirtschaftlichen Rahmens auf als der Sohn von »Aldi Süd«. Die Anschaffung einer Designerjeans lässt manche in die private Insolvenz rutschen, während andere sich noch die passenden brillantenbesetzten Ugg Boots dazu kaufen.

Ich finde, Kinder brauchen überhaupt kein Taschengeld. Sie haben doch immer die wandelnden elterlichen Geldsäcke bei sich. Oder haben Sie es schon mal übers Herz gebracht zu sagen: »Nein, das Eis musst du dir selber kaufen, dafür hast du ja schließlich Taschengeld.« Aber wir müssen stark sein. Wir müssen klare Richtlinien vorgeben, bei welchen Dingen wir spendabel sind und bei welchen nicht. Ich bin da sehr konsequent in meiner Inkonsequenz. Mal lass ich ein paar Kröten springen, mal lege ich theatralisch den Handrücken an die Stirn und werfe den Kopf in den Nacken: »Du liebst mich nur wegen meines Geldes!«

Wissen Sie, wie ich meine Kinder zum überlegten Umgang mit Geld zwinge? Wir haben eine Gemeinschaftskasse für außerordentliche Ausgaben wie Zoo, Kino, Freizeitpark, Fallschirmsprung. Sobald die kleinen Kapitalvernichter anfangen zu betteln, zu winseln, ihre riesengroßen Kulleraugen als ultimative Waffe gegen elterliche Strenge einzusetzen, bemerke ich beiläufig, dass man das Geld, anstatt es in kalte Süßspeisen mit Stracciatellageschmack zu investieren, auch in die Spezialitätenkasse geben könnte. Win-Win-Situation: Das Kind lernt, Prioritäten zu setzen, und es wird nicht fett.

Genauer betrachtet, ist Taschengeld sowieso eine höchst seltsame Erfindung. Das Kind bekommt Geld geschenkt. Unser Geld. Das wir uns verdient haben. Durch harte Arbeit. Kommen Sie mir jetzt nicht mit »Kindergeld«, das nehme ich als Gage für den Kinderanimationsservice und Taxifahrerei. Also müssten die Kleinen doch eigentlich auch für ihr Geld arbeiten. Das aber wird als extrinsische Motivation von den Pädagogen verdammt. Kinder sollen laut Erziehungsratgebern von sich heraus etwas tun und nicht für den schnöden Mammon. Wie bitte? Ich würde meinem Chef was erzählen, wenn der mir mit der Vierzig-Stunden-Woche auf Liebesdienstbasis käme. Nein,

nein, die Idee, meine Kinder extrinsisch motiviert für ihren Unterhalt arbeiten zu lassen, finde ich großartig! Ich muss mich nur noch entscheiden zwischen Smileys und winzigen rostroten Münzen.

11. KAPITEL

GEHEIMNISSE DER KINDERPSYCHOLOGIE

ERZIEHUNGSWEISHEITEN

MAMA, ERZIEH MICH!

Im Umgang mit ihren Eltern empfiehlt es sich für Kinder, einige wichtige Dinge zu lernen. Eltern sind ja nicht immer einfach. Häufig sind sie gestresst, müde, verwirrt oder haben sonst wie gerade keine Lust auf Erziehung. In solchen Momenten ist es notwendig, dass sie von ihrem Nachwuchs zu konsequenter Erziehung angehalten werden. Selbst ein müder Elternteil sollte schließlich auf die Einhaltung von Fernsehverbot achten oder die Erledigung der Hausaufgaben überwachen. Manche Kinder müssen ihre Eltern sogar darauf hinweisen, dass sie heute eigentlich gar keine Süßigkeiten bekommen als Sanktion dafür, dass sie am Vorabend keine Zähne geputzt haben.

Ich denke, sobald das Kind selbst schon auf die Einhaltung von Strafen oder Regeln besteht, haben Sie bis hierhin etwas richtig gemacht. Kinder können mit Abweichungen von Regeln nicht so viel anfangen. Sie brauchen Struktur, das gibt ihnen Sicherheit. Und wenn sie einfordern, dass das Süßigkeitenverbot eingehalten wird, wollen sie das Vertrauen in das Wort der Mutter oder des Vaters bestätigt wissen. Zu viele Ausnahmen verwirren das Kind. Leider. Denn wie gern sind wir Erwachsenen doch flexibel und schlagen über die Stränge, lassen mal fünf gerade sein und reiten auf dem Bock zum Gartentor hinaus.

Ebenso irrwitzig ist die Annahme, dass Eltern ihre Kinder auf Schritt und Tritt begleiten, beschützen und betüddeln müssen. Kinder, bringt euren Eltern bei, sich auch mal rauszuhalten, wenn ihr einen Disput mit einem Klassenkameraden klären wollt. Gewöhnt eurer Mutter an, dass sie nicht mit Keksen und Limonade im Jugendzimmer stehen soll, wenn ihr es endlich geschafft habt, dem schönen Olli bei den Mathehausaufgaben helfen zu dürfen und gerade MIT Hautkontakt Hypotenusen erklärt. Und dass euer Vater bitte nicht beim ersten Besuch des

Schwiegersohns in spe nach dessen Ausbildung, familiären Umständen und beruflichen Vorstellungen fragt, gefolgt von dem zwischen den Zähnen freundlich hervorgezischten Satz: »Wenn du meiner Tochter das Herz brichst, dann bring ich dich um!«

Kinder müssen schnell begreifen, dass sie von Erwachsenen grundsätzlich gemaßregelt werden. Und sie müssen dies ertragen. Die Armen. Denn es tut weh. Mütter und Väter können es einfach nicht lassen, das Kind bei Fehlverhalten vor allen Anwesenden auf sein Vergehen hinzuweisen. Hat es zum Beispiel einem Erwachsenen nicht die Hand zur Begrüßung gegeben, wird es freundlich, aber laut und deutlich darauf aufmerksam gemacht: »MAN GIBT DIE HAND ZUR BEGRÜSSUNG.« Oder ist ihm ein Malheur beim Essen in Gesellschaft passiert: »HAST DU SCHON WIEDER GEKLECKERT?!«

Das ist schlimm. Für das Kind. Hat doch »Kind« grundsätzlich das Bestreben, alles richtig zu machen. Und schämt sich für sein Fehlverhalten ohnehin schon genug. In der Öffentlichkeit getadelt zu werden, ist auch für einen Erwachsenen nicht schön. Warum tun sie es dann immer wieder mit ihren Kindern? Um zu demonstrieren, dass es sich um ein Fehlverhalten des Kindes handelt und keinesfalls um ein Erziehungsloch der Eltern? Nehmen Sie das Kind bitte beiseite und besprechen Sie das Problem unter vier Augen und vier Ohren mit ihm. Sie werden merken, dass das für alle Beteiligten angenehmer ist. Außer Sie stehen auf dieses zustimmende Nicken der Umstehenden, die sich immer freuen, wenn einem Kind mal »gezeigt wird, wo's langgeht«.

Und zu guter Letzt möchte ich noch auf zwei bedeutende Tatsachen hinweisen, die Kinder im Umgang mit Erwachsenen zu berücksichtigen haben: Erwachsene sind Kindern körperlich überlegen. Das sind sie eine lange Zeit. Bis dahin müssen die Kleinen die Füße stillhalten, Ja sagen und gehorchen.

Und zweitens: Irgendwann sind sie groß. Größer als die Eltern. Und stärker.

COGITO, ERGO ESSEM (ICH DENKE, ALSO WÄRE ICH). ODER: DER KREISLAUF DER WELT

Ab einem bestimmten Alter kommen Kinder nicht drum herum, dass es komplexe Handlungsabläufe gibt. Alles hat einen Anfang und ein Ende. Wenn man eine Banane essen möchte, muss man sie nehmen, schälen, essen und die Schale entsorgen. Wenn man das Radio einschaltet, muss man es auch irgendwann wieder ausmachen. Alles hat einen Anfang und auch ein Ende. Kreise sind geschlossene Systeme. Das beginnt mit dem schnellsten und kräftigsten Spermium, das sich mit Helau und Alaaf in das Ei drängelt, und endet viele, viele Jahre später später im Darmsystem eines Friedhofwurms.

Im Laufe seines Lebens muss ein Kind Tausende Kreisläufe erlernen. Manche Dinge gehen ganz von allein: schreien bedeutet trinken, trinken bedeutet Darmentleerung. Auch der Wechsel zwischen Wachzustand und Schlafen vollzieht sich weitestgehend automatisch. Andere Kreisläufe muss es sich durch Beobachtung oder Erfahrung aneignen. Ein Türmchen entsteht, indem man die Kiste mit Arbeitsmaterial hervorholt, die Bauklötzchen übereinanderstapelt, das Geschwisterkind das Bauwerk wieder einreißt und die Mutter schimpft, die Bauklötze sollten endlich weggeräumt werden.

Ein anderer Kreislauf ist der des Essens. Also der Nahrungsaufnahme. Essen erscheint nämlich nicht plötzlich und auf Zuruf auf einem Tischleindeckdich, sondern muss herangeschafft, zubereitet und für den Verzehr angerichtet (auf Tellern, Schälchen oder Papptüten, die dann auch wieder gereinigt oder zumindest weggeworfen werden müssen) werden. Dann kann es gegessen, verdaut, auf die Toilette gebracht und abgespült werden. Fehlt eine einzige Station in diesem hoch komplexen Kreislauf, bricht das ganze Versorgungssystem zusammen.

Ebenso komplex sind die Elemente, die uns wärmen: die Kleidung. Sie muss beschafft, angezogen, ausgezogen und in den richtigen Behälter für die bevorstehende Reinigung gelegt werden. Darauf folgt ein ausgeklügeltes Zusammenspiel von Waschmittel, Maschine und Mutter, bis die Wäsche wiederverwendbar im Kleiderschrank liegt. Kinder müssen all dies begreifen und lernen, dass alles, was direkt um sie herum geschieht, auch direkt mit ihnen in Zusammenhang steht. Und sie sind ein Teil davon. Kleidung, die einfach an Ort und Stelle fallen gelassen wird, durchbricht den Kreislauf. Teller, die nicht abgeräumt sind, durchbrechen den Kreislauf. Hausaufgaben, die nicht gemacht werden, durchbrechen den Kreislauf. Und Essen, das auf dem Boden landet und nicht entsorgt wird, lockt Tiere an, und das eröffnet wieder einen ganz neuen Kreislauf – hatten wir schon, aber er gefällt mir so unglaublich.

MESSIEALARM

Viele Kinder sammeln. Sie horten, sie stopfen sich die Taschen voll, sie ergeben sich damit der Besitzgier und einem Vollständigkeitswahn. Haben, haben, haben.

Sammeln kann ein Genuss sein, Neugierde befriedigen und das Kind mit Zufriedenheit erfüllen. Verantwortlich hierfür ist ein Hormon, das durch das Sammeln ausgeschüttet wird und uns Glücksgefühle beschert. Wer in der Urzeit »hatte«, der war erfolgreich. Zurückzuführen ist das auf den Drang des Menschen (denn nur der Mensch sammelt in ausgeprägtem Maße), Daten anzuhäufen. Durch Kategorisierung Unterschiede herauszufinden und abzuspeichern. Wir sollten den Kindern, die dieser Leidenschaft erlegen sind, schon früh beibringen, welche Art Gegenstände sich lohnt zu horten. Dafür bieten sich an: Geldbeutel, Fahrradschlüssel, Autoschlüssel; abzuraten ist von Briefmarken ohne Wert und vor allem von der Leidenschaft, SCHUHE zu sammeln. Aber das betrifft nur die Mädchen.

Den Kindern sollte beigebracht werden, ihre gesammelten »Einzelstücke« wie Steine, Äste, Käfer, Perlen, Kügelchen oder Fußballkarten an einem besonderen Platz aufzubewahren. Eine Herausforderung stellen da größere Objekte an die häusliche Umgebung. Kastanien sind noch verhältnismäßig einfach zu verstauen, obschon sich mir der weiterführende Nutzen einer solchen Sammlung noch nie erschlossen hat. Eine vergleichsweise größere Krise kann aber durch das Anhäufen von Rollern, Rädern oder ähnlichen sperrigen Gegenständen ausgelöst werden. Liebevoll vor dem Haus auf dem Gehweg gestapelt, kann es nur noch von mitleidigem, verständnisvollem, bestechungsaffinem Stadtreinigungspersonal entsorgt werden.

Richtig schwierig – in Klammern: lustig – wird es bei Sammelobjekten, die sich fortbewegen können. Schnecken zum Beispiel. Schnecken sind sooo putzig. Kinder lieben es, Schnecken mit nach Hause zu bringen, weil diese sich in dem gleichen Tempo bewegen wie sie selbst. Und sie können die Wände hochklettern, auch an der Tapete. Jedes Mal, wenn sie sie in Reih und Glied aufgestellt haben, »rennen« diese Tiere »wie wild« durcheinander. Kinder brauchen Schnecken: Wenigstens ein Lebewesen auf der Welt, das langsamer ist als sie. Und: Kinder dürfen ruhig wissen, dass Schnecken KEIN weiches Moosbett in der Kinderzimmerschublade brauchen.

DIE ÜBERFLUSSMETHODE!

Kinder machen oft Dinge, die »verboten« sind. Meistens verstehen sie die Verbote nicht und geben deshalb ihrem Verlangen nach. Ich habe es mit der »Überflussmethode« versucht und die hat manches Mal sogar gewirkt. Wenn das Kind es wagt, heimlich Schokolade zu mopsen, setzen Sie sich mit ihm an den Tisch, kredenzen eine ganze Tafel Schokolade und verabreden Sie gemeinsam, dass es diese essen darf. Voraussetzung: Es isst sie komplett auf. Wenn Sie Glück haben, hat das Kind nur einen winzigen Zuckerschock und schon nach zwei Dritteln der Tafel so die Schnauze voll, dass der Rest nur noch widerwillig gestopft wird. Das könnte für eine ganze Weile die Lust auf Schokolade aufheben.

Falls Ihr Liebling unerlaubt ferngesehen hat, lassen Sie ihn mal einen ganzen Tag lang vor der Glotze. Kleben Sie ihm die Augenlider an die Augenbrauen, deklarieren Sie es als Strafe und erlauben Sie dem Kind, nur zum zweiminütigen Toilettengang aufzustehen. Kein Essen, keine andere Beschäftigung.

Ich erinnere mich, dass ich früher so viel fernsehen durfte, wie ich wollte, wenn ich krankheitsbedingt bettlägerig war. Und ich erinnere mich, dass das Fernsehprogramm am Vormittag ebenso grausig schlecht war wie heute, nur dass ich es damals als toll empfunden habe. Das Privileg, mal das zu gucken, wovon meine Mitschüler nur träumten, hielt mich gebannt am Bildschirm. Wenn dann meine Geschwister nach Hause kamen und sich mit Freunden verabredeten, hätte ich das Nachmittagsprogramm schauen dürfen. Sehnsüchtig setzte ich mich stattdessen in eine Decke eingehüllt an mein Kinderzimmerfenster und beobachtete mit traurigen Augen die sich jagenden, Ball spielenden, tobenden Kindern in unserem Garten.

Die Überflussmethode funktioniert auch, wenn die Kinder später nach Hause kommen als verabredet. Dann schlage ich vor, dass sie nächstes Mal draußen bleiben können, solange sie wollen. Natürlich erwähne ich in schillernden Ausschmückungen die nächtlich auftauchenden wilden Tiere, zehenerfrierende Kälte und Betrunkene, die um die Häuser schleichen.

Die »Euch geht es viel zu gut«-Methode ist eine beliebte verbale Äußerung, die aber immer ohne Konsequenzen bleibt und für kleine, in ihrem Mikrokosmos gefangene Kinder ohne Tellerrand viel zu abstrakt wirkt. Zum Beispiel der gern vorgenommene Vergleich mit afrikanischen Kindern: »In Afrika haben die Kinder gar nichts zu essen«, »In Afrika haben die Kinder gar nichts anzuziehen«, »In Afrika haben die Kinder gar keine Schule«, »In Afrika müssen die Kinder alles zu Fuß gehen«.

Läge da der Feldversuch nicht nahe, die Kinder mal ins heimische »Afrika« zu schicken, um ihnen zu zeigen, was Hunger bedeutet? Oder sie mal nackt herumlaufen zu lassen, weil man es leid ist, die herumliegenden Klamotten einzusammeln und zu waschen? Bei unseren 387 Sonnentagen im Jahr mit einer Durchschnittstemperatur von 34 Grad Celsius bietet es sich durchaus an, sich mal nicht mit Kleidung wärmen zu müssen. Aber blöderweise gibt es in Deutschland Schulpflicht und Jugendämter. Für Kinder ist hier gut gesorgt. Gehen sie nicht in die Schule, holt sie die Polizei und bringt sie dorthin. Fühlen Kinder sich von den Eltern schlecht behandelt, denunzieren sie sie beim Jugendamt.

Also, die »Euch geht es viel zu gut«-Methode funktioniert nicht in der Umsetzung. Aber sagen dürfen Sie es ruhig mal, das tut gut, erinnert Sie an Ihre eigene Kindheit und die Kleinen verstehen sowieso erst, was Sie damit meinen, wenn sie selbst Kinder haben.

HILFE, MEIN KIND IST SCHUSSELIG!

Ja und? Meins auch. Alle Kinder sind Schussel, das gehört zu ihren Lebensaufgaben. Und zu unseren Lebensaufgaben gehört es, dies zu ertragen.

Ich würde nie den ersten Stein aus dem Glashaus werfen, wenn es um Schusseligkeit geht, musste ich doch einst in der sechsten Klasse im Unterricht feststellen, dass ich unter dem Pullover noch meinen Schlafanzug trug. Und was glauben Sie, warum ich heute keinen Schmuck anlege? Weil ich die zur Konfirmation geschenkten, teuren Sternohrringe genau einen halben Tag besaß, bevor sie beim Präsentieren eines Radschlags im Gartengras ihr ewiges Grab fanden. Wie peinlich, wenn eine Horde Verwandter in Sonntagskleidung auf der Wiese herumrobbt und die Halme teilt wie bei einer Entlausung. Oder weil die teure Uhr, die zwar wasserfest, aber nicht wasserdicht war, beim Schwimmbadbesuch … na ja, Sie wissen schon. Passiert halt.

Auf die Dauer wird Schusseligkeit teuer und zerrt an den Nerven. Wie viele Teller sind Ihnen schon zu Bruch gegangen, wie viele Gläser haben Sie schon zusammengefegt? Ich unzählige und ich bin stolz darauf, sagen zu können, dass ich nur beim ersten Glas einen Wutanfall bekommen habe. Seitdem heulen immer nur die Kinder, wenn etwas kaputtgeht, weil sie Panik davor haben, dass ich wieder ausraste. Tu ich nicht. Nö. Irgendwann werden keine Teller mehr da sein und keine Gläser und sie werden vom Tisch essen müssen und aus ihren hohlen Händen trinken. Pech.

Schusseligkeit ist gar nicht schlimm … finden die Kinder. Ich finde es grausam, schrecklich, es kommt für mich gleich hinter dem Trödeln. Laut Aussage einiger Psychologen kann Fahrigkeit ein Zeichen dafür sein, dass das Kind in seiner eigenen

Welt lebt und sich gut auf nur eine Sache konzentrieren kann. Ja, Himmelherrgott, dann soll es sich doch bitte auf die Sache konzentrieren, die ich ihm sage! Anziehen, Hausaufgaben machen und so weiter.

Man dürfe den Flow nicht unterbrechen, meinen die Experten. Das ist die Aufmerksamkeitsspanne bei einer Tätigkeit. Wenn das so ist, wüsste ich gern, wann er einsetzt, damit ich MEINEM Flow frönen und meinen Cappuccino trinken kann.

Es gibt Mittel und Wege, die zumindest die materiellen Verluste durch einen Schussel einzugrenzen vermögen. Man solle Namensschildchen in die Jacken, Turnbeutel und auf jeden Stift schreiben/kleben. Ha, meinen Sie, ich habe nicht gelacht, als ich diese Aufforderung aus der Schule erhielt? Mittlerweile besitze ich eine Etikettiermaschine, die klebende Namensschildchen ausdruckt! Aber das nützt ja alles nichts. Wir hatten tolle Schlüsselbänder. Die konnte man sich um den Hals hängen und Fahrradschlüssel daran befestigen. Nach zwei Wochen mit dem Fahrrad zur Schule hatten wir keine mehr. Und keine Schlüssel. Und kein Schloss. Nur das Fahrrad war noch da. Puh.

Es gibt Taschen mit Reißverschluss und Knöpfen, aber die lassen sich dummerweise öffnen. Sobald ein Schlüssel den wilden Ruf der Freiheit hört, ist er über alle Berge, auf und davon, im Fahrradschlüsselschlossparadies. Bei den Socken, Füllern und Handschuhen.

Jedes Jahr im Winter trete ich trotz aller Vorsichtsmaßnahmen in Konkurrenz mit anderen Müttern, welches Kind die meisten Mützen in der Schule verloren hat. Im letzten Winter waren es vier. Gewonnen!

Es nützt auch nichts, Ihr Kind zu bitten, die wichtigen Dinge wie Portemonnaie oder Handy immer an derselben Stelle zu verstauen. Denn Kinder leben in einem Paralleluniversum, in dem solche Gegenstände laufen können. Allein. Weit weg.

Manchmal in eine andere Tasche, manchmal zu einem Freund. Oder sie wollen einfach nur Auto fahren und haben sich dort in eine Ritze verzogen. Mir ist so etwas ja völlig fremd! Ich finde meine Sachen immer wieder, weil ich weiß, wo ich suchen muss.

Mein Sohn hat neulich seine Socken in der Besteckschublade wiedergefunden. Ich holte sofort das Handy aus dem Kühlschrank und rief seinen Vater an.

DIE LOGISCHE KONSEQUENZ IST DIE LOGISCHE KONSEQUENZ

Erziehung bedeutet herauszufinden, was man will, um dann zu klären, wie man seine Ziele vermitteln kann. Das ist alles. Wird einem Ungehorsam entgegengebracht, muss man schnell Lösungen finden, damit der Grundzustand eines funktionierenden Zusammenlebens wiederhergestellt ist.

Ich lehne Strafen ab. Strafen haben nichts mit dem Vergehen selbst zu tun. Ein Kind ins Zimmer zu schicken, wenn es nicht aufisst, erscheint mir unlogisch. Davon wird der Teller auch nicht leer. Konsequent wäre, es sich nur so viel auftun zu lassen, wie es essen möchte, und das dann auch durchzuziehen. Das Kind freut sich über die Verantwortung und trägt die Konsequenz mit Fassung. Hoffentlich.

Was aber, wenn wir als Erwachsene etwas wollen, etwas, bei dem uns so schnell keine natürliche oder logische Konsequenz einfällt? Sagen wir mal, wir wollen, dass das Umziehen und Zähneputzen abends einfach ein wenig schneller vonstattengeht. Den Gutenachtkuss vorzuenthalten, weil es mittlerweile zu spät ist, das geht. Tut aber allen im Herzen weh. Die Vorlesegeschichte kürzen geht auch, ist aber mühsam, weil großes

Geschrei und Tränen kurz vor dem Schlafengehen die Mauern erschüttern.

Eine bewährte Methode, die wir Erwachsenen ebenfalls gut kennen, ist die der Belohnung. Hier kommt die Lightversion des Belohnungssystems für Kleinere, und sie kommt aufgrund seiner Unmittelbarkeit ganz ohne Smileys aus: Mit Belohnung meine ich diesmal, dass jeder Mensch etwas gern tut und etwas anderes nicht so gern. Umziehen, bettfertig machen, bäh. Halbe Stunde kuscheln mit Mama, mmmh. Oder in Erwachsenensprache ausgedrückt: Erst die Arbeit, dann das Vergnügen. Das ist bei Weitem nichts Neues, und WARUM? Weil es funktioniert.

Anreize müssen geschaffen werden. Beobachten Sie Ihr Kind genau, um herauszufinden, was es gern tut. Und schon schnappt die Falle zu. Wenn es gern Fahrrad fährt, darf es das. Aber erst die Spülmaschine ausräumen. Sobald das Kind eine Frage mit »Darf ich …?« beginnt, werden Sie hellhörig. Möglicherweise bahnt sich ein sauber abgewischter Tisch an. Am ertragreichsten sind Aussichten auf Spaßbadbesuche oder große Ausflüge, Konsolenspiele oder anstehende Partys. Aber schon die kleinen Dinge können das Leben zu einem Fest machen. Halten Sie Ihre Kinder kurz, damit erhöhen Sie die Chance, sich ein »Druckmittel« zu verschaffen. Machen Sie aus allem etwas Besonderes. Die Übernachtung bei einem Freund mag für Sie per se der reinste Segen sein. Lassen Sie dies das Kind aber bloß nicht spüren. Winden Sie sich, geben Sie vor, nicht ganz damit einverstanden zu sein. Lassen Sie das Kind betteln. Und dann kommt auch schon der Hinweis, dass das Zimmer aber ordentlich sein müsse, bevor das Kind das Haus verlässt.

Wir hatten bereits das leidige Problem »Tisch abdecken nach dem Essen«. Anstatt die Teller abzuräumen und vielleicht noch das Senfglas mit in die Küche zu nehmen, wurden die Gegenstände einfach nach hinten durchgeschoben, bevor Hausaufgaben auf dem Tisch ausgebreitet wurden. Das sah dann so aus: Am Ende des Tisches standen der Topf mit Kartoffeln, halb abgegessene Teller, Trinkgefäße und benutztes Besteck. Vielleicht noch die Salatschüssel oder der Brotkorb. Ein wunderbares Stillleben.

Ich bin aber eine Mutter, die sich für ausgleichende Gerechtigkeit einsetzt, und sehe nicht ein, dass ICH koche, aufdecke UND nach Fütterung alles wieder in den Ursprungszustand versetze. Deshalb berief ich eine Familienkonferenz ein. Als Alleinerziehende geht das recht flott. »Ich habe keine Lust, euer Depp zu sein. Was schlagt ihr vor?« Schweigen. »Also gut, dann schlage ich etwas vor: Wenn der Tisch nach dem Essen nicht picobello aussieht, werde ich beim nächsten Mal nicht mehr für euch kochen. Einverstanden?«

Große Augen bei der Brut. Nach einer kurzen Schockstarre ergriff meine neunjährige Tochter das Wort: »Nein, nicht einverstanden! Ich fände es besser, wenn du beim nächsten Mal als Belohnung kochst, wenn wir den Tisch abgeräumt haben.«

»FEIN GEMACHT«

Mit der Zeit sollten Kinder erkennen, wann Eltern loben, um etwas zu erreichen, und wann sie etwas aus tiefster Seele und Überzeugung heraus wirklich, wirklich toll an ihrem Kind finden. Doch es ist erschreckend, liebe Kinder: Eltern loben nur und ausschließlich aus niederen Beweggründen und nicht, weil sie so philanthrope Zeitgenossen sind, die sich zweckfrei für etwas begeistern. Wenn Eltern ihre Kinder loben, bezwecken sie etwas. Sie wollen sie ermutigen, ihnen vermitteln, dass sie wertvolle Mitglieder der Gesellschaft sind. Dass sie eigene Entscheidungen treffen können und dass sie in Ordnung sind, so wie sie sind. Und warum dies alles? Damit wir sie guten Gewissens mit einem hervorragenden Schulabschluss, drogenfrei und nicht schwanger aus dem Elternhaus entlassen und uns selbst auf die Schultern klopfen können: Gut gemacht. Das wiederum nennt man Eigenlob.

Loben ist für Eltern kein selbstloses Verhalten. Nein, sie verfolgen damit ganz strategisch ein Ziel. Wenn Eltern ihre Kinder dafür loben, dass sie sich schon ganz allein angezogen haben, wollen sie damit erreichen, dass das Kind sich von nun an IMMER allein anzieht. Irgendwann kann man das Loben dafür dann einstellen und sich anderen Dingen zuwenden, die zukünftig mal allein funktionieren sollen oder die dem Kind im späteren Leben von Nutzen sein dürften. Loben für höfliches Verhalten, Loben für die ersten Schritte, Applaus für die ersten fünf Meter Fahrrad fahren, La Ola für das erste Mal Schuhe zubinden.

All das bestätigt Ihr Kind in dem, was es tut. »Gut gemacht«, dass du endlich den Müll rausgetragen hast, nachdem ich dich hundertmal daran erinnern musste. »Gut gemacht«, dass du dem Mann gegen das Schienbein getreten hast, der immer vor der Schule herumlungert. »Gut gemacht«, dass du dem Oliver das linke Auge gelassen hast, sonst hätte er den Heimweg ja gar nicht gefunden. Loben ist wichtig, wenn Sie Ihrem Kind den richtigen Weg zeigen wollen.

Aber bitte loben Sie angemessen. Nicht inflationär, nicht bei jedem Pups, den das Kind macht. Setzen Sie das Lob kalkuliert ein. Sie selbst würden es ja auch nicht mehr glauben, wenn Ihnen alle paar Minuten jemand sagte, wie toll Sie etwas gemacht haben. Und loben Sie nur in den Momenten, in denen es angebracht ist. Kinder durchschauen schlechte Lügner. Erwähnen Sie immer genau, WAS das Kind gut gemacht hat, und vermeiden

Sie wie gesagt ein »nicht« in der Formulierung: »Das hast du aber fein gemacht, dass du NICHT auf die Straße gelaufen bist.« Das »nicht« wird vom Gehirn gelöscht und übrig bleibt: »Das hast du aber fein gemacht, dass du auf die Straße gelaufen bist.« Ups.

Und noch etwas: Loben kann man nur eine Tätigkeit, nie aber einen Zustand. Wenn Sie sagen: »Du bist sehr schlau«, klebt das dem Kind ein Etikett an und es versucht immer, dem gerecht zu werden. Sagen Sie aber: »Das hast du schlau gelöst«, gehen Sie auf die Tätigkeit ein und das Kind wird sich versuchen zu merken, wie es die Lösung gefunden hat, anstatt sich darauf zu konzentrieren, ein vorgefertigtes Bild zu erfüllen.

Sobald Kinder allerdings eigeninitiativ nach Lob und Anerkennung heischen und schon von Weitem drohen: »GUCK MAL, WAS ICH KANN!«, überlegen wir blitzschnell, ob wir das jetzt sehen wollen oder uns lieber tot stellen. Meistens sind die vorgeführten Dinge weder sehenswürdig noch ergebnisorientiert. Ein »Guckmalwasichkann« reißt den Erwachsenen aus seiner gerade angefangenen Tätigkeit heraus, um einer Vorführung beizuwohnen, bei der das Kind einen Stock eineinhalb Sekunden auf der Hand balanciert oder sich auf dem Drehstuhl dreht. Selten erfreuen sensationelle Saltos oder ausgefeilte akrobatische Finessen unser Elternherz. Manchmal denke ich eher: »Oh mein Gott, wie soll das Kind überhaupt die zweite Klasse schaffen!«

Kinder wollen immer gelobt werden. Und sie tun einiges dafür. Aber was ist mit uns Eltern? Wann bekommt eine Mutter schon mal gesagt: »Das hast du aber fein gemacht«, wenn sie die Urinpfütze unter der Toilettenschüssel aufgewischt hat? Hat ein Vater jemals gehört: »Toll, dass du dich jeden Tag auf Arbeit von deinem Chef herumkommandieren lässt, nur damit wir immer neue Windeln und Piratenkäse in der formschönen Verpackung kaufen können«?

Aber so ist das Leben. Heute brachte ich meiner neunjährigen Tochter bei, dass sie versuchen soll, jedes Gespräch mit einem Kompliment zu eröffnen. Weil Komplimente guttun. Wenn jeder jeden etwas mehr lobte, würden wir alle ein klitzekleines bisschen mehr lächeln und die Welt wäre ein klitzklitzekleines bisschen besser. Das Tolle an solchen Lebensweisheiten: Sie werden von Kindern umgesetzt. Bestimmt zwei Mal, bevor sie wieder in ihr altes Muster verfallen und sich gegenseitig die Haare einzeln auspflücken.

MENTALE VERSTOPFUNG

Mit Konkurrenzdruck umzugehen, gehört zu den vielen Dingen, die Kinder lernen müssen. Konkurrenz beginnt ja schon beim Wettschwimmen zur Eizelle. Er geht weiter, sobald das erste Geschwisterchen am Thron sägt. In der Schule werden die Schularbeiten miteinander verglichen. Und in der weiterführenden Schule beginnt die Hormonumstellung und zwingt die Jugendlichen dazu, sich eher der Erhaltung der eigenen Art zu widmen, dem besten Männchen oder Weibchen hinterherzujagen, als der Wissenschaft. Kinder werden immer versuchen, der oder die Beste zu sein. Konkurrenz belebt das Geschäft! Sie müssen sich ihrer Stärken bewusst werden und diese auch lernen einzusetzen. Schließlich werden sie feststellen, dass die Luft ganz oben am dünnsten ist.

Kinder sind generell einem hohen Druck ausgesetzt. Nehmen wir doch mal eine schlecht gelaunte Mutter oder einen missmutigen Vater: Das Kind kann rein gar nichts dafür, dass es Kind ist und sich eben auch so verhält. Manchmal reicht allein das schon aus, damit die Mutter in die Luft geht. Dass sie selbst gerade eine Stunde vorher die letzte Handwerkerrechnung bezahlen musste oder die Waschmaschine kaputtgegangen ist oder ihr auf dem Supermarktparkplatz jemand mit dem Einkaufswagen über die Füße gefahren ist, interessiert in diesem Moment niemanden.

Es gibt immer eine Reihe von Ereignissen, die unseren Gemütszustand beeinflussen, im Positiven wie im Negativen: sei es eine schöne Musik im Radio, die Sonne, die seit einer Woche wieder hervorblinzelte, oder der Anruf einer Freundin, die nachher Kuchen vorbeibringen möchte. Ebenso gibt es die Läuse, die auf unserer Leber tanzen und dort eine Party feiern. Ich nenne das liebevoll »Verstopfung«. Warum? Weil Kinder das leichter verstehen als über Innereien laufende Insekten.

Um uns herum befinden sich manchmal übel gelaunte Menschen. Die brechen in die heile Welt der Kinder ein und versuchen, an deren Vertrauen zu rütteln. Soll ich meinen Kindern erklären, dass die Welt schlecht ist? Nein. Also erzähle ich ihnen folgende Geschichte: Ein Mann bezahlt an der Supermarktkasse. Beim Registrieren unterläuft der Kassiererin ein Fehler. Der Mann regt sich fürchterlich auf und mault die Kassiererin an, sodass alle herübersehen. Die Kassiererin schämt und entschuldigt sich und behebt den Fehler schnell. Der Mann hätte keinen wirklichen Grund gehabt, so ein Aufhebens zu machen. Was aber war genau passiert? Der Mann hatte falsch gegessen und konnte schon den ganzen Tag nicht auf Toilette. Er hatte eine unangenehme Verstopfung. Die nervte ihn so, dass er seinen Unmut darüber an allem und jedem auslassen musste.

So wie dieser Mann hat jeder irgendwann mal seine »Verstopfung«. Sie ist etwas, was uns nervt und uns die gute Laune verstopft. Wir können nichts gegen die schlechte Laune anderer tun, aber wir müssen uns bewusst sein, dass wir selber nicht die Ursache sind. Meistens zumindest nicht.

Seit meine Kinder diese Geschichte kennen und verstanden haben, werde ich regelmäßig nach einer Gardinenpredigt gefragt: »Mama, sag ehrlich: WAS ist deine Verstopfung?«

12. KAPITEL

LIFE SECURITY!

SICHERHEIT

SICHERHEITSLÜCKEN SCHLIESSEN!

Direkt nach der Zeugung des Kindes sind wir in besonderem Maße darauf bedacht, das heranwachsende Leben zu schützen, zu hegen und zu pflegen und es vor allen schädlichen Einflüssen zu bewahren. Ab einem gewissen Zeitpunkt muss das Kind das jedoch selbst übernehmen. Es muss lernen, wie es sein Leben und seine körperliche wie auch geistige Unversehrtheit durch eigenes Zutun schützen kann. Auf dem Weg dorthin wird es viele Schrammen erleiden, an jedem Körperteil mindestens einen blauen Fleck bekommen und auch viele Tränen vergießen. Sobald es das elterliche Nest verlässt, wird es wissen, dass man auf nassem Boden ausrutschen kann, dass Glasscherben auf schmerzhafte Weise einen unangenehmen Blick auf das subkutane Fettgewebe freigeben können und dass sich eine gewisse Höhe nicht mehr zum Hinunterspringen eignet. Wir lassen sie diese Erfahrungen sammeln. Wenn wir Glück haben, lernt das neugierige, aufgeweckte Kind tatsächlich daraus. Narben sind später sowieso zum Angeben da und in ausgiebigen Narbenbetrachtungssitzungen kann man nebenbei ein bisschen fremde Körper begutachten. Meine ganz persönlichen Top Five der schmerzhaftesten Erfahrungen sind:

- im Schwimmbad rückwärts ins Becken geschubst werden und mit dem Kinn am Beckenrand aufschlagen;
- von einer Mauer nicht AUF, sondern neben die Mülltonne springen und mit dem Gesicht auf dem Deckel bremsen;
- beim Radfahren in einen parkenden Mercedes beißen und zwei Schneidezähne stecken lassen;
- mit den Skates in kurzen Hosen einen Berg hinunterfahren, merken, dass die Bremse und die Geschwindigkeit nicht kompatibel sind, und durch seitliches Hinwerfen mit Opferung der sieben Hautschichten entlang des gesamten

linken Beines den Zusammenprall mit einem parkenden Auto verhindern – eine wahre Heldin also;

- vor vielen, vielen Jahren beim »Headbanging« (schnelles Vor- und Zurückbewegen des Kopfes im Takt der Musik) im Sitzen am Tisch betrunken den Kopf auf eine Bierflasche geheadbangt und den Arzt im Krankenhaus angelallt: »Wissn Sie, was Headbangng is?« – »Nein.« – »Alssso, dasis... achegahl, bin gegne Tür gelaufn.«

Zu guter Letzt – außer Konkurrenz – die wohl schmerzhafteste, aber auch schönste Erfahrung meines bisherigen Lebens: die Geburt zweier Kinder mit Kopfumfang 38 und 39.

SOMMER – SONNE – SONNENSCHEIN

Die Sonne scheint, das Thermometer zeigt dreißig Grad, kein Cumulusschäfchen am Himmel. Das hellhäutige Kind verweigert wieder mal die sanfte Massage beim Eincremen mit hochlichtschutzfaktorischer Lotion. Greifen Sie zu bunter Sonnencreme, ökologisch getestet, aus dem Drogeriemarkt. Wenn Sie Glück haben, ist das Kind so verwirrt über seinen pinkfarbenen Arm, dass Sie in der Zeit in Windeseile den restlichen Körper versorgt haben.

Bleiben wir beim Sommer: Wespen, Dornen, tollwütige Schnecken. In der freien Natur findet sich eine Fülle an gefährlichen Sicherheitslücken. Wespen darf man nicht wegwedeln oder anpusten, Dornen bergen eine große Infektionsgefahr mit anschließendem Warzenwachstum und tollwütige Schnecken erkennt man daran, dass sie kurz zuvor über die Essigbarriere eines Hobbygärtners gekrochen sind und nun wild schäumend das Weite suchen.

Zu den beliebtesten Ausflugszielen im Sommer gehören herrlich klare Badeseen mit einsamen, endlosen Stränden. Im besten Fall. Damit Sie am Ende des Tages mit ebenso vielen Kindern nach Hause zurückkehren, wie Sie mitgebracht haben, sollte Ihr Nachwuchs zumindest mit den wichtigsten Techniken des Schwimmens vertraut sein. Gemeinhin versteht man unter Schwimmen ja, dass ein Körper nicht untergeht. Und sich fortbewegt. Im Wasser. Es gibt wenige Dinge, die zu erlernen wirklich von existenzieller Bedeutung für ein Kind sind. Die meisten Fähigkeiten muss es sich aneignen, um im späteren Leben zurechtzukommen oder das Leben der Eltern zu erleichtern. Schwimmen zu lernen bildet hier eine Ausnahme. Irgendwann kommt jeder einmal in Kontakt mit dem Element, das uns weit überlegen ist. Vor allem, wenn wir als kleines Landlebewesen ohne Kiemen mitten darin herumpatschen und versuchen, so wenig Wasser wie möglich zu schlucken. Das Wasser, das uns bis zum Hals steht, ist überall. Schwimmbäder, das Meer im Urlaub oder der Fischteich im Garten. Stopfen Sie das landlebende Säugekind in einen Schwimmkurs, sobald es die Beine und Arme einigermaßen koordinieren kann. Damit es nicht absäuft. Bitte.

Um Problemen mit wassersüchtigen, aber nichtschwimmenden Kleinkindern vorzubeugen, dürfen die Eltern ihnen bereits zu Hause die Schwimmflügel über Arme und Beine streifen. Keine Sorge, Autos sind groß genug und auf dem Fahrrad sieht einfach nur jeder, wie umsorgend und vorausschauend Sie sind. Gewöhnen Sie die Jungs an Schwimmreifen, dann ist es für sie keine so große Umstellung mehr, wenn sie sich einen Rettungsring angefressen haben.

AUFGEPASST!

Schützen Sie Ihre Kinder vor den Tücken des Alltags. Geben Sie ruhig die Weisheiten Ihrer Eltern an Ihre eigenen Kinder weiter und ergänzen Sie durch bildhafte Erklärung:

»Leck nicht an einer Metallstange, wenn es friert!« Das schmeckt wirklich nur am Anfang gut.

»Beug dich nicht aus dem Fenster!« Der Körperschwerpunkt eines Kindes liegt im Gegensatz zu dem eines Erwachsenen im Kopfbereich, was nicht in Zusammenhang steht mit einem größeren Hirnvolumen, sondern auf das Kindchenschema zurückzuführen ist. Auf jeden Fall kann sich beim Vornüberbeugen das Ungleichgewicht in die ungünstigere Richtung verschieben.

»Klemm dir keinen Zahnstocher zwischen Ober- und Unterkiefer, das gibt Maulsperre!« Das heißt, dass sich die Kiefermuskulatur so verkrampft, dass der Mund nicht mehr zugeht. Mehr als ein »Aaaaahhaaaaagaaah!« kommt dann nicht mehr raus – was wiederum auch mal ganz entspannend sein kann.

»Renn nicht mit einem Stock in der Hand, das ist gefährlich!« Der Begriff »Stock« umfasst hier alles, was spitz, lang und dünn ist und sich tief ins Fleisch bohrt, wenn man mit seinem Gewicht darauf fällt.

»Geh nicht mit vollem Bauch schwimmen!« Weil der Körper einfach nach einem satten Mahl Besseres zu tun hat, als sich um irgendwelche Extremitäten zu kümmern, die mit Blut versorgt werden wollen, würden Erwachsene sich doch NIE nach einem leckeren Essen in die Arbeit stürzen, geschweige denn in die Brandung springen. Oder?

»Spiel nicht mit Feuer!« Weil Verbrennungen dritten Grades einfach schwierig von ungelernten Ersthelfern versorgt werden können und diese selten in der Lage sind, eine Hauttransplantation geschickt durchzuführen.

»Stülp dir nie eine Tüte über den Kopf!« Sauerstoffmangel, CO_2-Vergiftung, Tod.

NICHT WITZIG!

»Mama, ich hab geträumt, dass mich ein Kinderklauer klauen wollte, und da hab ich ihm in die Augen gestochen und dann hat er mich losgelassen.«

Fein gemacht, Kindchen. Schön geträumt. Leider sind aber Kinder in der Realität schon aufgrund der körperlichen Voraussetzungen nicht in der Lage, einem Erwachsenen Paroli zu bieten. Das Wissen um sogenannte »Schmerzpunkte« ist vielleicht hilfreich, aber bis eine kleine Kinderhand selbstbewusst den Todesgriff anwenden kann, ist es meistens schon zu spät.

Deswegen müssen Kinder lernen, wie sie sich zu verhalten haben, damit es gar nicht erst zu einer körperlichen Auseinandersetzung mit Erwachsenen kommt. Ich verzichte hier einmal auf jegliche Art von Humor, denn das ist – um es ganz platt auf den Punkt zu bringen – nicht witzig. Überblättern Sie einfach dieses Kapitel, wenn Sie im Moment lieber mit Possen und ausgefeilter Ironie unterhalten werden wollen.

Kinder brauchen Anleitungen, um zu wissen, wie sie sich in einer Situation verhalten, die für sie unangenehm ist. Sie müssen Telefonnummern auswendig kennen. Sie müssen wissen, dass sie Hilfe in Restaurants bekommen – am besten sollten sie Mütter mit Kindern ansprechen – oder an Orten, wo sich mehrere Menschen aufhalten. Sie müssen lernen, dass nette Menschen keine kleinen Hundewelpen zu Hause haben, auch wenn sie das immer und immer wieder behaupten. Und dass ein hübscher kleiner Transporter nicht den angeblich verhinderten Schulbus ersetzt. NICHT EINSTEIGEN!

Kinder müssen auch begreifen, dass jemand, der sie um Hilfe bittet, nicht unbedingt tatsächlich Hilfe braucht. Das könnte auch ein Trick sein, der auf die Hilfsbereitschaft und das Bestreben des Kindes, »ein braves Kind« sein zu wollen, spekuliert.

Vor allem sollte Kindern auch bewusst gemacht werden, dass es nicht die FREMDEN sind, vor denen wir sie immer und immer wieder fälschlicherweise warnen. Und die diese Dinge mit ihnen machen. Nein, das sind in Wirklichkeit zu einem großen Teil Personen aus dem Bekanntenkreis. Außerdem ist für ein Kind ein Fremder schon dann kein Fremder mehr, wenn es ihn ein paar Mal gesehen hat oder der »Fremde« es mit dem außen auf seinem Schulranzen gut lesbaren Namen angesprochen hat.

Vor allem aber: Kinder müssen wissen, dass sie, was auch immer passiert, zu ihren Eltern kommen können. So, das wollte ich nur mal gesagt haben.

13. KAPITEL

ELTERNSCHUTZ

RECHT AUF ENTSPANNUNG

ERWACHSENENGESETZ!

Es gibt Dinge, die Kinder einfach nichts angehen. Zum Glück schützen uns einige Gesetze vor allzu neugierigen Möchtegernerwachsenen. Filme werden strikt nach FSK nur für Erwachsene freigegeben und Internetportale ebenfalls. Je nach Einstellung der Eltern und möglicherweise auch deren Bildungsstand werden das *Kettensägenmassaker* und *Halloween* auf eigene Verantwortung freigegeben. »Meiner schaut schon *Hellboy 1-4*!«, brüstet sich die Exkäsefachverkäuferin stolz bei der Übernachtungsparty ihres achtjährigen Sohnes Leon-Pascal. Dabei ist es doch so einfach: Altersgerechte Filme reduzieren später die Kosten für den Therapeuten oder mindern die nötigen Besuche im Gefängnis. Und Erwachsene dürfen gucken, was sie wollen.

Erwachsene dürfen übrigens auch ESSEN, was sie wollen. Kinder dürfen das nicht. Meine Kinder leben in ihrer eigenen Welt. Aber wenn ich mir heimlich ein Schokobon aus der Verpackung schäle, um mir die wohlverdiente Mamanervennahrung zuzuführen, stecken sie ihre Köpfe plötzlich um die Ecke und fragen: »Was isst du da???« Egal, ob sie gerade oben in ihren Zimmern konzentriert Hausaufgaben gemacht oder zwei Kilometer entfernt bei einem Freund gespielt haben – das Öffnen einer Süßigkeitenverpackung wirkt magnetisch auf meine Kleinen, selbst über große Distanzen hinweg. Und dann muss ich teilen. Denn das »Teilen« ist eine soziale Fähigkeit, die sie erlernen müssen. Quatsch! Ich will meine Schokolade für MICH haben. Zu viel Süßes ist sowieso ungesund für Kinder. Ich will auch die Wurst ohne Brot essen, sooft ich will. Und ich will mir das Nutella auf das Brot zu einem Berg modellieren, ich will aus dem Topf naschen und in der Nase popeln. Punkt.

Erwachsene dürfen Bier und Schnaps trinken, Zigaretten rauchen, Chinaböller krachen lassen und Auto fahren. So ist das und das ist auch gut so. Sie dürfen ausgehen, länger aufbleiben und tausend andere tolle Sachen machen. Wenn eines meiner Kinder irgendwann auf die Idee kommt, Erwachsenendinge für sich einzufordern, »weil du das doch auch machst, Mama«, werde ich frohlocken; denn das wird der Zeitpunkt sein, an dem ich es darauf hinweise, was mit diesem Wunsch für grausame Verpflichtungen einhergehen: »Dann wirst du also von nun an das Geld verdienen, die Wäsche machen, jeden Mittag Essen kochen, deinem Bruder bei den Hausaufgaben helfen und mich zu meinen Freundinnen fahren und wieder abholen. YES!«

Früher war es wesentlich einfacher, ein Gespräch unter Erwachsenen zu führen. Man gebot dem Kinde, sich die Finger in die Ohren zu stecken, und konnte so alles austauschen, was es nicht hören durfte. Heute wartet man, bis sich das Kind außer Hörweite befindet. Das ist besser so, denn es könnte sich ja übergangen fühlen, wenn man in seiner Anwesenheit, aber ohne es einzubinden, über sein erstes Schamhaar diskutiert.

Ein Kind hat das Recht darauf, gewisse Dinge NICHT zu erfahren; und es hat auch ein Recht darauf, dass es von Zeit zu Zeit darauf hingewiesen wird, ein Kind zu sein, und es Dinge gibt, die für seinen Entwicklungsstand einfach nicht notwendig sind zu wissen. Beispielsweise die ausufernden Tratschereien unter Frauen über andere Frauen, die mit krassesten Ausdrücken gespickten Erzählungen der letzten Stammtischnacht oder einfach anderen Dingen, die den Erziehungsstatuten aufs Schärfste widersprechen. So ist es durchaus ab und an erforderlich, den ungebremsten Wissensdurst des Kindes mit einem »Das sind Erwachsenen sachen!« oder »Das geht dich nichts an!« abzuschmettern.

Erwachsene müssen auch mal unter sich sein. Sprechen dürfen, worüber sie wollen. Sich austauschen, lachen, echauffieren, traurig sein. Meistens reden Eltern sowieso über ihre Kinder. Aber auch das kann man genießen, ohne durch ein »Mama, welche Jacke soll ich anziehen?« unterbrochen zu werden oder über einem gebellten »SCHUHE AUS!« den roten Erzählfaden zu verlieren.

Vor allem Mamas sollten sich auch mal mitteilen dürfen. Rennen die Armen doch den ganzen Tag keifend und mahnend durch die Gegend: »Mach dies, mach das!« Immer den Zeitplan bis zum Abend verfolgend. Hausaufgaben, Verabredungen, Freizeitstress, Arztbesuche, Einkaufen, Wäsche. Und alles für den reibungslosen Ablauf »Familie«. Da haben wir uns doch ein bisschen Rumgeheule mit der besten Freundin in einem ausgesuchten Schuhladen verdient.

JEDE MUTTER KANN SCHLAFEN LERNEN

Für Kinder ist es wichtig zu lernen, dass das Bett eine guuute Sache ist. Man kann sich ausruhen, sammelt Energie für den nächsten Tag, und wenn man Glück hat, erinnert man sich sogar an schöne Träume. Man verarbeitet Dinge, die man erlebt hat. Gute und natürlich auch schlechte. Bei letzteren schrecken die Kinder auf und stammeln verwirrt vor sich hin oder schreien gar. Dieses nächtliche Gebrabbel kann die Eltern manchmal ganz schön verunsichern. Ausbrüche wie: »Hör auf!«, »Warte auf mich!« oder »Ich kann nicht!«, gehören da noch zu den harmloseren Wortfetzen, im Gegensatz zu bedenklichen wie: »Mach das Blut weg!« oder gar ein heulendes »Meiner is superklein!«.

Nach dem Zubettbringen neigen Kinder dazu, öfter mal wieder aufzustehen und zu den Eltern zu kommen, die es sich schon den Feierabend erwartend bequem gemacht haben. Aber Kinder müssen lernen, dass das Bett ein Ort ist, den man nur zum Toilettengang wieder verlassen darf. Und in äußersten Notfällen. Unter diese Notfälle fällt ein Hauseinsturz, Hochwasser oder andere Katastrophen, aber nicht: »Ich hab noch Durst«, »Kannst du mal die Kassette umdrehen?« oder »Mir ist die Bettdecke runtergerutscht«.

Oooh nein. Das Bett ist ein Ort der Entspannung. Man kann dort noch lesen oder besagte Kassette hören oder mit seinen Kuscheltieren reden, aber es auf keinen Fall vor dem nächsten Morgen wieder verlassen. An Wochenenden schäle sich das Frühaufsteherkind absolut geräuschlos unter der Bettdecke hervor, suche sich ein gemütliches Plätzchen weit weg vom Schlafzimmer der Eltern und beschäftige sich mit geräuschlosem, pädagogisch wertvollem Spielzeug. Ein tausendteiliges Puzzle oder die Fertigung eines tollen Bildes stehen da in der elterlichen Akzeptanz weit höher als der pfeifende Brummkreisel, der vom Schlagzeug rhythmisch begleitet wird, oder die Carrerabahn, auf der surrend die Autochen ihre Endloskreise ziehen und der Rundenzähler bei jeder Zieldurchfahrt mit einem lauten »Klack« weitergeklickt wird.

Ein Kind hat einen bestimmten Schlafrhythmus. Nun ja, Eltern auch. Nach unzähligen Nächten, die sie mit geröteten Augen, gereizten Nerven und Augenringen bis runter zur Kaiserschnittnarbe bezahlt haben, ist es nun an der Zeit, dass ihr Kind eine weltverändernde Wandlung durchmacht. Wird nicht immer auf Gleichberechtigung und Chancengleichheit gepocht? Wird nicht bei *Frauentausch* nach der Hälfte der Tauschzeit eine Regeländerung proklamiert? Hier ist meine Regeländerung für SIE, nachdem Sie sich in der ersten Zeit für das Kind aufopferten, es umsorgten, bei jedem nächtlichen Gegluckse aus dem Schlaf schreckten, um alles dafür zu geben, die Kleinen wieder in den Schlaf zu bringen. Nachdem Sie Ihr Sexualleben den Schlafzeiten des Kindes angepasst und die beste Freundin aufgrund ständiger Gereiztheit schon längst zu einer entfernten

Bekannten degradiert haben, muss sich Ihr Kind nun endlich IHREM Schlafrhythmus anpassen. Oder sich entsprechend abwesend verhalten, wenn Sie schlafen.

Sie sollten dann Sex haben können, wenn Ihre Libido danach verlangt. Sie sollten wieder fit und ausgeruht sein dürfen, auch dafür. Und Sie sollten wieder mit nur einem Liter Kaffee am Tag auskommen. Sie sollten das Geld für die teure Augenschattencreme in neue Unterwäsche investieren können sowie in Saunabesuche oder Kinoabende mit Ihrem Partner. Schlaf ist KEIN Privileg der Kinder.

EHRE DEINE MUTTER!

Mamas Geburtstag ist der stressigste Tag des Jahres – für die Kinder. Wenn Papa der Mama morgens einen Geburtstagskuss über die Wange haucht, stieben alle Kinder plötzlich noch einmal in ihre Zimmer und man hört hektisches Geraschel. Zum Frühstück folgen die Ergebnisse auf dem Teller: Instantselbstgebasteltes und -gemaltes. Lassen Sie sich ruhig etwas schenken. Und kündigen Sie frühzeitig an, dass Sie etwas erwarten. Sie haben das verdient. Je genauer Sie in Ihren Auskünften sind, desto weniger müssen Sie sich ein freudig lächelndes »Oh, wie nett, das wollte ich ja schon immer haben!« herausquälen. Wünschen Sie sich Gutscheine, die müssen Sie nicht heimlich entsorgen wie einen gehäkelten Topflappen beispielsweise. Dass sie nie eingelöst werden und mit der Überreichung ihre Gültigkeit verlieren, versteht sich von selbst, steht im Kleingedruckten.

Legen Sie sich einen großen Schuhkarton zu oder bauen Sie ein Zimmer an, damit die liebevoll gefertigten Hand- und

Bastelarbeiten einen schönen Platz bekommen. Ich habe einen dekorativen Umzugskarton auf dem Dachboden, in dem all die wunderbaren Geschenke blickdicht verwahrt werden. Das ist ein ganz besonderer Karton, ein wertvoller Karton mit all meinen Schätzen. Mein Allerlieblingskarton auf der ganzen Welt. Das erzähle ich zumindest meinen Kindern, wenn sie wieder mit selbstgemeißelten Totenköpfen angerollt kommen und sich mit großen Kulleraugen beschweren, dass ich den Schädel NICHT im Wohnzimmer in die Vitrine stelle: »Aber Mama, der ist doch mit Liebe für dich gemacht!«

Es gibt einen weiteren Punkt, der mir als ungekröntem Familienoberhaupt heilig ist: Mein Schreibtisch ist unantastbar. Das sehen Kinder anders. Klebeband, Schere, Briefumschlag – der private Bereich der Mutter oder des Vaters (aber der hat vom Glück geküsst oft den Schreibtisch fernab in einem anderen Gebäude) ist ein Selbstbedienungsschreibwarenladen mit unbegrenztem Kredit. Hingehen, nehmen, nicht zurückbringen. Ein mit ernster Miene ausgesprochenes Verbot, sich dem Büro oder dem Arbeitsplatz bis auf drei Meter zu nähern, hält meist nur bis zur nächsten Katastrophe, wenn wieder mal dringend eine Klarsichtfolie benötigt wird. Oder es fehlt dem Kinde plötzlich an lebenswichtigen Beschäftigungsmaterialien wie Locher, Pinnnadel, Textmarker oder Tacker.

Die Schreibtischschublade der Mutter ist überhaupt einer der interessantesten Orte der Wohnung. Weil sie verbotenes Terrain ist. Und warum? Dort herrscht Struktur, alles befindet sich an seinem Platz und das bleibt auch so. Keine alten Socken, Schuhe, benutztes Geschirr. Nein, alles da, wo es hingehört. Ein wahrer Magnet für unordnungstiftende Tornadokinder.

Doch hebe das Plakat höher, auf dem in dicken Lettern geschrieben steht: »Jede Mutter hat ein Recht auf ihre Schreibtischschublade und ihren Nähkasten!«

Kinder müssen himmelhergottnochmalkruzifünferl lernen, ihre Mutter zu ehren. So, und das schreibe ich jetzt nur, weil ich auch mal ein bisschen rumheulen will. Ich stehe morgens um 6:30 Uhr auf und stehe Gewehr bei Fuß beim ersten Kind, um ihm einen guten Start in den Tag zu gewährleisten. Wenig später kommt das zweite dazu. Bis acht Uhr habe ich also die Aufgabe, Pausenbrote zu schmieren, Haare zu flechten und plötzlich auftauchende Elternbriefe zu lesen, die mit dem Kalender abgeglichen und unterschrieben werden müssen. Dann wird der abgerissene Schnürsenkel präsentiert und die Jacke ist hoffentlich im Auto, denn HIER hängt sie ja nicht.

Meine Kinder sind es inzwischen gewohnt, mit wehenden Fahnen in mein bereits fahrendes Auto einzuspringen und die Tür zügig zu schließen, um sich dann erst anzuschnallen. Wie gut wir da eingespielt sind, merkte ich erst, als ich die Nachbarskinder in gleicher Manier in die Schule mitnehmen wollte und diese im Gurt hängend versuchten, die offene Tür bei bereits voller Fahrt um die dritte Kurve zuzuziehen.

Und dann? Nachdem die Kinder in der Schule sind, macht die gemeine Hausfrau nichts mehr. Sie sitzt den ganzen Tag auf dem Sofa, trinkt Cappuccino und wartet darauf, dass die Kinder wieder nach Hause kommen. Gell? Und der Stress, über den alle jammern und weswegen sie Burnout bekommen, entsteht nur, weil sie völlig überfordert damit sind, wie sie ihre Freizeit verbringen sollen.

Was ich damit sagen will? Ich will damit sagen, dass Kinder durchaus mal spüren dürfen, was Mama so alles für sie macht. Eine Zeit lang habe ich jeden Handgriff vor meinen Kindern kommentiert: »So, ich stopfe jetzt das Loch in deiner Socke. Ich decke jetzt den Tisch für uns, damit wir gleich zusammen essen können. Ich habe eben eure Wäsche zusammengelegt, damit ihr frische Sachen zum Anziehen habt. Ich koche jetzt mal Essen, hole das Fenistil für deinen Mückenstich, ich rufe jetzt mal beim Arzt an wegen deines Termins, ich bringe den Müll raus, damit es nicht stinkt, ich mach jetzt mal mit dir Vokabeln für dein Englisch, ich hebe das Papier auf, das DIR vom Tisch gefallen ist, spüle den Kakaofleck aus dem Pulli, solange er noch frisch ist, hänge die Jacke wieder auf, klappe den Toilettendeckel runter, den du vergessen hast.«

Irgendwann haben meine Kinder dann kapituliert und geschrien: »JA, MAMA, WIR WISSEN, WAS DU ALLES FÜR UNS TUST!!!!« Gut.

MUTTERMUND

Als ich selbst Kind war, haben sie mich zuerst schrecklich irritiert – die Mamasprüche. Wie jetzt, »Lügen haben kurze Beine«? Na und? Mama sagt doch immer, dass eine Behinderung keine Rückschlüsse auf den Charakter des Menschen zulässt. Und »In Afrika bekommen die Kinder gar nichts zu essen«. Wie jetzt, wieso haben die dann immer gutes Wetter, wenn sie nichts aufessen können? Und was ist überhaupt Afrika? »Bin ich etwa eure Putzfrau«? Ähm, ja, wer soll es denn sonst machen? »Aaah, du bist wie dein Vater.« Wie jetzt: groß, stark, bringt das Geld nach Hause und du hörst auf ihn?

Ich wollte sie doch nie verwenden. Diese Sprüche. »Wie oft muss ich das denn eigentlich noch sagen?« Und dennoch werden sie weitergetragen von Generation zu Generation, ob sie nun Sinn ergeben oder nicht. Sie gehören dazu wie überlieferte Rezepte, wie Familienerbstücke, wie ein Familiengeruch. Es sind immer die gleichen Sprüche, die gebellt, gestöhnt oder geflucht werden.

Ich wollte das aber nicht. Das würde schon irgendwie anders zu lösen sein. Ich bringe den Kindern einfach bei, wie sie sich verhalten müssen, damit das bei mir nicht notwendig sein wird. Sie werden von Anfang an die Schuhe ordentlich hinstellen, sie werden respektieren, wenn Erwachsene reden, sie werden sich bei Tisch benehmen. All das werde ich nur einmal, maximal zweimal sagen. Dann folgen Konsequenzen. Sofort. Gut, man kann ja noch ein weiteres Mal darauf hinweisen, weil die ersten Male eben nicht angekommen sind. Aber dann! Ich bin da sehr konsequent. Meine stärkste Konsequenz liegt darin, dass ich die Sachen so lange wiederhole, bis ich sie seufzend, resigniert oder wutschnaubend selbst erledige, mit der stetigen Androhung von Konsequenzen.

Ist Ihnen auch schon mal aufgefallen, dass die Hälfte der Sätze, die Sie an Ihr Kind richten, im Imperativ gebellt werden? »Aufstehen!«, »Wasch dir die Hände!«, »Zieh dir was an die Füße!«, »Nimm ein Taschentuch!«, »Mach dich bettfertig!«. Und die andere Hälfte sind gut gemeinte Ratschläge, die den Sprung von der Brücke verhindern sollen: »Die war eh nichts für dich, ich wollt's dir nur nicht sagen.«, »Deine Pickel sieht man gar nicht.«, »Andere Mütter haben auch schöne Töchter/Söhne.«, »Zieh 'ne saubere Unterhose an. Wenn du einen Unfall hast, was sollen sonst die Ärzte denken?«.

Wütende Mamas können Monster sein. Wütende Mamas sind kein harmloses Fass, das ein winziger, sanfter Tropfen zum leise plätschernden Überlaufen bringt. Nein, wütende Mamas sind ein Vulkan. Und die Lava aus in die Ecke geworfener Schulranzen, liegen gelassener Kleidung, frecher Antworten und ständiger Forderungen ohne Dank schiebt stetig und brodelnd von unten nach oben. Wenn die Hitze im Inneren des Vulkans plötzlich durch eine wiederholt vergessene Mütze am Haken in der Schule, einen liebevoll breitgeschmierten Schokoladenfleck auf der neuen Couch oder die niedlichen Drecktapser Größe 35 auf dem elfenbeinfarbenen, frisch geputzten Fliesen zu groß wird, bricht er aus: »WENN DUMMHEIT KNALLEN WÜRDE, WÄR BEI DIR HEUT SILVESTER!«, »WENN DU DAS NOCH MAL MACHST, KOMMST DU INS INTERNAT!«, »HÄTT ICH MIR LIEBER EINEN HUND ANGESCHAFFT ALS DICH!«, »Heul ruhig, dann musst du einmal weniger aufs Klo.«, »Und wenn du jetzt heulst, dann kriegst noch eine.«, »Wenn Doofheit Gas geben würde, müsstest du den Berg rauf bremsen!«.

Zum Glück haben wir uns aber alle so sehr unter Kontrolle, dass uns derartige Ausbrüche völlig fremd sind. Wir gehören zu den Guten. Die, die mit ihren Kindern diskutieren, ihnen zuhören, Verständnis zeigen und sie trösten, wenn der Nachbar sie wegen der eingeschossenen Fensterscheibe ausgeschimpft hat. Wir freuen uns über ihre Kreativität, wenn sie mit spitzen Steinen den Lack unseres Autos verziert haben. Und wir gehen mit einem jovialen Lächeln über die neue zerrissene Hose hinweg. So was passiert halt. Da muss man doch nicht gleich ausflippen. Gell?

Nein, Mamasprüche müssen einfach sein. Sie lassen sich nicht vermeiden. Ob gebellt oder gesäuselt, gehaucht oder geschrien, sie bleiben uns erhalten wie der schlabbrige Abschiedskuss und die Ausgehreglementierung. Das alles trägt bei zum großen Ganzen. Und es hört nie auf, denn sie sind unsere Kinder. Wir wollen doch nur ihr Bestes.

ZU GUTER LETZT

WUNSCHKIND

Kinder wollen lernen und es gibt für alles den richtigen Zeitpunkt. Man muss ihn nur erwischen und dann gnadenlos zuschlagen. Man muss immer an den Kindern dran sein, bereit, jederzeit die Gelegenheit beim Schopfe zu packen. Ein verzweifeltes Kind, das schon seit zehn Minuten nach einer Klorolle schreit, ist meistens genau dann bereit zu erkennen, dass Klorollen nach dem Abpflücken des letzten Blattes ausgetauscht werden müssen. Ein unter dem Tisch herumkriechendes Kind, das ein halbes Kilo heruntergefallene Lasagne zusammenwischt, könnte in diesem Augenblick verstehen, dass es sich möglicherweise empfiehlt, AUF dem Tisch zu essen. Einem hungrigen Kind, das im leeren Kühlschrank sein Echo hört, könnte in diesem Moment einleuchten, dass erst einmal Essen von jemandem gekauft, bezahlt und dann auch noch eingeräumt werden muss. Und ein nackter Teenager, der nichts Frisches mehr anzuziehen hat, könnte durchaus begreifen, dass die Sachen nicht durch einen plötzlichen, hellen Lichtblitz nach dem Schwingen des Zauberstabs gefaltet im Schrank liegen.

Sicher wünschen wir uns oft, dass einiges besser laufen könnte im Zusammenleben mit unseren Kindern. Ein bisschen mehr Mithilfe im Haushalt, ein bisschen weniger Gezicke, ein bisschen mehr Benehmen und natürlich gute Noten, bitte schön. Ein Wunschkind eben. Nicht, dass die meisten unserer Kinder keine Wunschkinder wären, aber was wussten wir denn schon, wie anstrengend das werden würde! Was wir bekommen würden, stand nicht auf der Verpackung, und eine Bedienungsanleitung war auch nicht dabei. Stattdessen begreift man im Laufe des Heranwachsens seines Kindes immer besser, was man gern hätte bekommen wollen. Ich wünschte mir von meinem Wunschkind, dass es beim ersten Mal hört, dass es keine frechen Antworten gibt, dass es seine Sachen selbst wegräumt und dass es mir später auch mal den Brei füttert und ihn nach dem Verdauen wieder entsorgt.

Wir Eltern brauchen auch Streicheleinheiten. Wir brauchen auch mal ein Lob, Anerkennung und eine Fußmassage. Das wäre schön, ist aber nicht im Paket enthalten. Wie wäre das toll, wenn Schuhe nebeneinanderstünden, wenn man Teppich unter dem Esstisch haben könnte und wenn der Müll ohne Aufforderung nach draußen wanderte. Wenn man sich in der Stadt nicht abhetzen müsste, um rechtzeitig zu Hause zu sein und ein Zwei-Gänge-Menü aufzutauen. Und wenn man mit der Freundin mal quatschen könnte, ohne von schlechtem Gewissen getrieben schneller zu reden, damit man alle Themen wenigstens angezupft hat, bevor durch ein unheilverkündendes »Mama, ichbindawasgibtszusessen???« wieder mal der Faden normaler, zwischenmenschlicher Kommunikation gerissen ist.

Es gibt Zeiten, da will ich das alles nicht mehr. Ich will keine Schuhe mehr zusammenstellen, keine ineinander verkeilten, wutschnaubenden Geschwister mit einer Metallschere auseinanderschneiden. Ich will keine Schweißperlen mehr auf der Stirn spüren, wenn ich einen lauten Knall aus Richtung der Kinder höre und mit den Ohren gespitzt lausche, ob ein schreckliches Wehgeschrei folgt, das meine Fürsorge und durchschnittliche Kompetenz in Sachen Erste Hilfe verlangt, weil wieder ein Bücherregal beim Kletterversuch aus der Wand gerissen wurde. Ich will keine Termine vereinbaren, die mit meinem eigenen

Leben so rein gar nichts zu tun haben. Und ich will keine Hausaufgaben in Mathe von der 1b korrigieren müssen und schon gar nicht von der 6e, das kann ich nämlich schon gleich überhaupt nicht. Und ich will mir nicht ständig Sorgen machen müssen, wie es den Kindern geht, und das gesamte WWW hysterisch machen, wenn sie unter Fieber leiden.

Ja, manchmal will ich einfach nur meine Ruhe. Und ich will sie genau so lange, bis ich mich entscheide, dass ich sie nicht mehr will. Bis … na ja, bis sie dann kurz nach der Gutenachtgeschichte eingekuschelt in meinem Arm liegen und mich mit ihrem kleinen Ärmchen am Bauch umschlingen und ihr ruhiger Atem mich wissen lässt, dass es für sie keine bessere Mama und für mich keine besseren Kinder geben kann.

CHAPEAU!

Wie in jedem meiner Bücher möchte ich noch einen kleinen Dank hinterherschieben: Ich danke meinem Computer, der während der ganzen wilden Zeit des Schreibens vor mir stand und nie abgestürzt ist. Ich danke meinem Exmann, der mir die Kinder vollständig und ohne Unterbrechung als Studien- und Rechercheobjekte zur Verfügung gestellt hat. Ich danke der Schule, dass sie meine Kinder morgens aus meinem Haus ferngehalten hat, damit ich die Zeit zum Schreiben nutzen konnte. Ich danke den fleißigen Arbeitern auf den Kaffeeplantagen, die unter unangenehmsten Bedingungen dafür sorgen, dass mein Morgen mit dem herrlichen koffeinhaltigen Heißgetränk beginnen kann. Und ich danke meinen Kindern Lara und Dorian, die stets bemüht sind, mich zu ertragen, in guten wie in schlechten Tagen – und dafür, dass sie noch nicht das Jugendamt um Hilfe gebeten haben. Chapeau!

DIE AUTORIN

YVONNE DE BARK wurde 1972 in München geboren. Sie studierte Schauspiel und hat sich bereits in zahlreichen TV-Produktionen als Motorradcop, Ärztin, Verdächtige, Kriminelle und in vielen anderen Rollen kreativ behauptet. Seit 2002 hat sie die Rolle als Mutter zweier Kinder zum Verfassen von nunmehr vier humoristischen Erziehungsratgebern sowie einem Roman inspiriert.

Yvonne de Bark
PIMP YOUR KID
Frage nicht, was du für dein Kind tun kannst!
Frage, was dein Kind für dich tun kann!
Mit Illustrationen von Ebru Agca

ISBN 978-3-86265-208-2

KATALOG
Wir senden Ihnen gern kostenlos unseren Katalog.
Schwarzkopf & Schwarzkopf Verlag GmbH
Kastanienallee 32, 10435 Berlin
Telefon: 030 – 44 33 63 00
Fax: 030 – 44 33 63 044

INTERNET | E-MAIL
www.schwarzkopf-schwarzkopf.de
info@schwarzkopf-schwarzkopf.de